EXTRAIT DE LA
Revue de Bretagne, de Vendée et d'Anjou.

ALFRED LALLIÉ

LE COMITÉ RÉVOLUTIONNAIRE DE NANTES

Ses Attributions, ses Origines, son Personnel ses Exactions et sa Chute.

VANNES
IMPRIMERIE LAFOLYE
1901

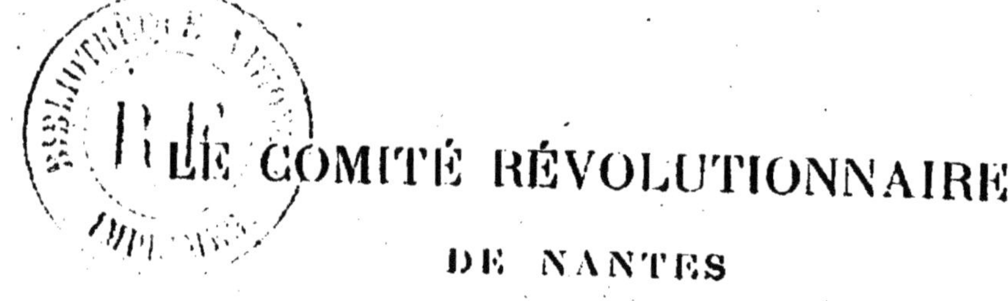

LE COMITÉ RÉVOLUTIONNAIRE

DE NANTES

EXTRAIT DE LA

Revue de Bretagne, de Vendée et d'Anjou.

ALFRED LALLIÉ

LE COMITÉ RÉVOLUTIONNAIRE DE NANTES

Ses Attributions, ses Origines, son Personnel ses Exactions et sa Chute.

VANNES
IMPRIMERIE LAFOLYE

1901

LE COMITÉ RÉVOLUTIONNAIRE

DE NANTES

Ses Attributions, ses Origines, son Personnel, ses Exactions et sa Chute

Dans un petit volume, publié il y a une vingtaine d'années, et intitulé : *Le Sans-culotte Goullin*[1], j'ai raconté à grands traits l'histoire du Comité révolutionnaire de Nantes, dont Goullin avait été le meneur. Une notice consacrée à *Pierre Chaux*[2], le collègue et le principal lieutenant de Goullin, m'a fourni l'occasion de révéler quelques faits nouveaux de la vie de ces deux terroristes. Mais, si rares que soient les papiers, provenant directement des archives de ce comité, dispersées qu'elles ont été par l'effet du procès de Paris, et de celui qu'on instruisit ensuite à Angers, je crois que l'on peut, en les rapprochant de documents d'autres provenances conservés à Nantes, découvrir encore des détails ignorés qui intéresseraient les curieux des choses de la Révolution.

Par ses attentats à la vie des gens, le Comité révolutionnaire ne montra que sa froide cruauté. Dans l'art de vexer et de dépouiller les riches habitants, il déploya une habileté et une perversité vraiment prodigieuses. Si le régime de la Terreur avait duré plus longtemps, les mesures étaient si bien prises qu'aucun suspect nantais n'aurait échappé à la ruine.

[1] In-18, Nantes, Vincent Forest, 1880.
[2] *Revue de Bretagne et de Vendée*, 1881.

Avant d'entrer dans le détail des faits de cette nature, que j'appellerai les exactions du Comité, j'exposerai la législation qui régissait les comités révolutionnaires, la connaissance de cette législation permettant seule de juger à quel point fut poussée l'usurpation des pouvoirs. L'indication précise du personnel de ce comité et de plusieurs autres qui fonctionnèrent à Nantes avant celui de Goullin, ne sera pas non plus inutile pour déterminer la responsabilité des gens qui les composèrent depuis le commencement de l'année 1793 jusqu'au milieu de l'année 1794.

I

De toutes les institutions provisoires de la Révolution, la plus révolutionnaire a été, sans contredit, celle des comités, si justement appelés comités révolutionnaires. Confier à des groupes de citoyens, recrutés au hasard, le droit arbitraire d'arrestation, alors qu'il existait des officiers de police judiciaire, qui ne pouvaient exercer le droit d'arrestation motivée que dans certaines conditions, c'était la négation directe de la liberté individuelle garantie par la Déclaration des Droits de l'homme. Les comités révolutionnaires, organes attitrés de la délation, qui la recevaient, la transmettaient et même la provoquaient, ont été, à Paris comme dans les provinces, les instruments les plus puissants de la Terreur. Petits ou grands, à la ville ou à la campagne, personne ne pouvait se dire si bien caché qu'il fût assuré d'échapper aux regards de tant de surveillants. « Le nombre de ces comités, dit Louis Blanc, devait s'élever d'après la loi, dans toute la France, à quarante-cinq mille ; le nombre de ceux qui furent en activité atteignit le chiffre de vingt-et-un mille cinq cents[1]. Dans son rapport sur les taxes révolutionnaires du 6 frimaire an III, Cambon dit que, si tous les membres de ces comités avaient reçu le salaire qu'on leur avait fait espérer, le budget eût été grevé d'une somme annuelle de cinq cents quatre-vingt-

[1] *Histoire de la Révolution*, Edit. Lacroix, in-18, 10.

[2] *Réimpression du Moniteur*, XXII, 742.

onze millions. Aussi concluait-il, en invoquant certains textes qu'il opposait les uns aux autres, à n'accorder des traitements qu'à certains comités, dont l'existence avait été reconnue par la loi du 4 juin 1793, et aux Comités des villes d'une certaine importance, chefs-lieux de districts ou villes de 8,000 âmes. Pour enfermer toutes les personnes dénoncées par ces comités, il fallut établir d'innombrables prisons, dont la meilleure était plus dure que la Bastille, cette odieuse Bastille que tant de démagogues se faisaient gloire d'avoir détruite.

Il faut rendre cette justice à la Convention qu'elle n'était pas arrivée d'un seul coup à la conception monstrueuse des Comités révolutionnaires. Leur compétence et leurs attributions s'étaient accrues progressivement.

Une loi du 21 mars 1793 avait ordonné l'établissement, dans chaque commune, d'un Comité de douze membres chargé de surveiller les étrangers, de s'assurer de leurs moyens d'existence et de décider, sur les renseignements pris, s'ils devaient être autorisés ou non à résider en France. Les membres de ces comités devaient être désignés au moyen d'une élection faite dans la commune. Sur mille électeurs, ils devaient avoir obtenu au moins cent voix[1].

Les nombreuses lois de cette époque n'étaient pas strictement appliquées. Il est vraisemblable que celle-là ne le fut que dans les agglomérations urbaines, où il y avait des étrangers.

Le 26 mai 1793, la Convention avait, par un vote, manifesté quelque défiance de ces Comités, dont plusieurs avaient abusé de leurs pouvoirs en faisant arrêter des citoyens français, et elle avait ordonné leur renouvellement. Sur la proposition de Bazire elle était revenue sur ce vote, le 4 juin et avait ordonné au contraire leur maintien par un décret ainsi conçu : « Les Comités de Salut public établis dans les départements de la République, soit par les commissaires de la Convention, soit par les autorités constituées pour veiller au maintien de la tranquillité publique, sont provisoirement maintenus sous la condition de référer de toutes leurs opérations

[1] Duvergier, *Collection de Lois*, 1re édit. décrets combinés des 21 et 30 mars 1793 V, 258 et 286.

aux Comités de Sûreté générale et de Salut public. Renvoie à son Comité de Salut public pour lui présenter un mode d'organisation[1]. »

Dans l'intervalle du 26 mai et du 4 juin avait eu lieu la Révolution du 31 mai, et la Montagne, victorieuse à Paris, n'était pas sans quelque inquiétude sur l'accueil que feraient en province à ce coup d'Etat les membres des diverses administrations de Département, de District et municipales. Ces administrations avaient été renouvelées par élections au mois de novembre 1792, et, dans la plupart d'entre elles, l'opinion girondiste, comme on disait alors, c'est-à-dire l'opinion des vaincus du 31 mai était prépondérante. De même qu'on a dit de la France en 1830, qu'elle était centre-gauche, on pourrait dire avec plus de vérité qu'en 1793, la France agissante et politique, était girondiste. Les comités établis en vertu de la loi du 21 mars, soit qu'ils eussent été élus, soit qu'ils eussent été nommés par les représentants ou par les corps constitués, étaient de formation plus récente, et par conséquent plus favorables à la Montagne, à une époque où les progrès de la démagogie étaient rapides et incessants. On espérait, non sans raison, que ces comités, avec l'aide des représentants et des sociétés populaires, domineraient les administrations régulièrement élues. Le décret du 4 juin leur enjoignant de correspondre directement avec le Comité de Salut public, ils subissaient l'action de l'autorité centrale.

Ce fut sans doute par l'effet d'une fausse manœuvre que, le 7 juin, Barère déposa, au nom du Comité de Salut public, un projet de décret dont l'article 1er portait : « Tous les Comités révolutionnaires sont supprimés. » Pour les nommer révolutionnaires, il fallait que, déjà, un grand nombre de comités se fussent intitulés de la sorte. Aucune suite ne fut donnée à ce projet, dont la discussion fut ajournée, séance tenante, et ne fut jamais reprise.

L'action des Comités, à ce moment, ne semble pas avoir été exercée directement, mais elle n'en fut pas moins considérable. Les quatre-vingt-deux représentants, envoyés en mission dans toutes les provinces, avaient besoin d'être renseignés sur les gens du pays

1 *Procès-verbaux de la Convention*, XIII, 72, ni Duvergier, ni le *Moniteur*, ne donnent le texte de ce décret.

capables de créer une opposition à la Montagne, et ces Comités étaient de véritables bureaux d'information sur les personnes d'opinions douteuses qu'il convenait de surveiller ou d'emprisonner.

Le 12 août 1793, un obscur député de la Drôme, qui n'était pas régicide, et qui fut même peu après proscrit à cause de son attitude prononcée contre le 31 mai, rappela que tous les aristocrates avaient été mis hors la loi, mais que l'esprit de cette loi avait été mal saisi; que les traîtres demeuraient impunis, et qu'il était urgent de décréter que tous les gens suspects seraient mis en état d'arrestation. Legendre, Robespierre, et Danton surtout, qui parla longuement de trames et de conspirations, appuyèrent cette proposition, qui fut transformée en décret sous cette forme vague et générale: « Il sera procédé à l'arrestation des gens suspects[1]. »

A la séance du 5 septembre 1793. Bazire fit un long discours contre les ennemis de la république et sur l'inertie des comités révolutionnaires de Paris, dont il proposa l'épuration par les soins du Conseil général de la commune. « La police, dit-il, n'existera réellement que quand, dans chaque section, on se sera assuré d'un Comité révolutionnaire patriote, qui ait le mandat d'amener, le mandat d'arrêt, le droit de visites domiciliaires et de désarmement, et qui pourra agir par lui-même, sans aucun recours à l'autorité centrale, car aujourd'hui les comités révolutionnaires ont besoin de recourir à l'intervention des commissaires de police. » Dans ce même discours, il demandait aussi que l'on définît légalement le terme *gens suspects*[2].

Bazire dut interrompre son discours à l'arrivée de Barère, qui venait au nom du Comité de Salut public donner lecture « d'un rapport, sur différentes mesures, lesquelles, au dire de Thuriot qui présidait, pouvaient s'accorder avec celles que l'on discutait ». Ce rapport a été souvent cité, c'est celui qui, dès les premières lignes, contient ces phrases: « Une armée révolutionnaire exécutera enfin ce grand mot, qu'on doit à la Commune de Paris: Plaçons la terreur à l'ordre du jour; c'est ainsi que disparaîtront en un

[1] *Réimpression du Moniteur*, XVII, 387 et suiv.
[2] *Ibidem*, n° du 7 sept. 1793, XVIII, 525.

instant, et les royalistes et les modérés, et la tourbe contre-révolutionnaire qui nous agite... Les royalistes veulent troubler les travaux de la Convention. Conspirateurs, elle troublera les vôtres. Ils veulent faire périr la Montagne. Eh bien! la Montagne vous écrasera[1] ».

Au nombre des décrets qui furent rendus ce jour-là se trouve celui qui accordait aux membres des *Comités de Salut public* une indemnité de trois livres par jour, indemnité qui serait payée au moyen d'une contribution sur les riches. Ce même décret excluait de ces comités tous les ci-devant nobles et les prêtres non mariés[2].

Ce fut la fameuse loi du 17 septembre 1793, rédigée par Merlin de Douai et dite *loi des suspects*, qui détermina les signes auxquels on reconnaîtrait les Français de tout âge et de tout sexe, qui méritaient d'être exclus de la Société, et embastillés au moyen de lettres de cachet rédigées dans un style nouveau. Elle établissait de nombreuses catégories, qui pouvaient être indéfiniment étendues, puisqu'elles comprenaient tous ceux qui « soit par leur conduite, soit par leurs relations, soit par leurs propos ou leurs écrits se sont montrés partisans de la tyrannie ou du fédéralisme et ennemies de la liberté... » les ci-devant nobles, les parents d'émigrés, etc. etc.

La mission de dresser « les listes de suspects, de décerner contre eux les mandats d'arrêt, et de faire apposer les scellés *sur leurs papiers* » (et non sur leurs logements comme on le fit à Nantes), était conférée aux Comités révolutionnaires[3].

Les Comités investis de cette mission étaient, aux termes de l'art. 3 de la loi « ceux qui avaient été établis en vertu de la loi du 21 mars 1793, ou ceux qui leur avaient été substitués, soit par les arrêtés des représentants du peuple, soit en vertu des décrets de la Convention. » Leurs attributions étaient démesurément étendues, puisque, de consultatifs qu'ils avaient été jusque-là, ils

[1] *Eod.* n° du 8, XVII, 531.

[2] *Procès-verbaux de la Convention*, XX, 90.

[3] Loi du 17 sept. 1793, Duvergier, *Coll. de Lois*, 1re édit. VI, 213.

devenaient exécutifs. Si l'on s'en était tenu aux termes limitatifs de l'art. 3, qui viennent d'être cités, le nombre des comités révolutionnaires aurait été relativement restreint, et il n'y aurait eu de vraiment compétents pour l'arrestation des suspects que ceux qui étaient désignés par le décret du 4 juin. C'est bien ainsi, on l'a vu par la citation empruntée au rapport de Cambon, que le Comité des finances interprétait cet article, puisqu'il proposa de limiter le payement d'une rétribution journalière aux seuls membres des Comités de cette catégorie. L'établissement de Comités révolutionnaires, dans une vingtaine de milliers de communes, si l'on accepte le chiffre de Louis Blanc, fut donc le résultat d'usurpations tolérées ou encouragées par les autorités locales et les représentants en mission, ou bien encore l'effet d'une application abusive de la loi du 21 mars 1793, qui avait prescrit dans chaque commune l'institution d'un comité d'étrangers, loi visée par celle des *Suspects*. Dans maints endroits, il suffit certainement que douze sans-culottes aient pris plaisir au jeu des dénonciations, pour qu'un comité se soit trouvé constitué en fait, et ait agi en vertu des pouvoirs qu'il s'était donnés. Dans un décret du 16 frimaire an II, (6 décembre 1793) qui avait pour objet de provoquer la rentrée de taxes indûment levées, décret qui, à la vérité, fut rapporté peu après mais dont le libellé conserve néanmoins sa signification, il est parlé de Comités révolutionnaires, ou *soi-disant tels*[1].

Confié à d'honnêtes gens, un pouvoir arbitraire peut devenir dangereux ; il devait nécessairement conduire aux abus des hommes choisis, la plupart du temps, à cause de l'exaltation de leurs opinions et capables d'exercer pour un écu par jour le triste métier de délateurs.

Un décret du 20 septembre 1793 investit les comités de surveillance des villes de la fonction de reviser les certificats de civisme, ce qui accrut encore leurs pouvoirs, puisque l'absence d'un certificat de civisme était une présomption de suspicion.

[1] Duvergier, *Coll. de Lois*, VI, 402. Le décret du 16 frimaire fut remis en vigueur par un décret du 15 nivôse an II. (*Réimpression du Monit.*, XIX ; 137). Voir sur ces taxes, dont rien ne rentrait au trésor public, et sur les vaisselles de métaux précieux ci-devant employées au service du culte, le rapport de Cambon du 3 germinal an II, *Réimpression*, XX, 130.

Les arrestations ordonnées, à tort et à travers et sans motifs, devinrent si nombreuses que la Convention essaya d'obliger les comités à remettre aux gens arrêtés par leur ordre une copie du procès-verbal contenant les motifs de l'arrestation. (Décret du 27e jour du 1er mois de l'an II (18 octobre 1793[1]).

Mais l'arbitraire est d'une pratique si commode que l'on y prend goût dès qu'on a pu l'exercer quelque temps. Il en coûtait à certains membres des Comités révolutionnaires de Paris, qu'on y apportât une limite. Ils adressèrent à la Convention une pétition, à l'effet d'obtenir d'être dispensés de donner les motifs de leurs arrestations[2]. Cette pétition fut accueillie favorablement par le Comité de Sûreté générale, et, sur sa demande, la proposition fut faite de rapporter le décret du 27 du premier mois. Vainement Philippeaux et Lecointre la combattirent. A la suite d'un discours de Robespierre, auquel on ne saurait contester la maîtrise en matière de terreur, les comités révolutionnaires furent dispensés de fournir leurs motifs, et le décret du 27 du premier mois fut rapporté. « Sans doute, dit Robespierre, il faut protéger la liberté individuelle, mais s'ensuit-il qu'il faille, par des formes subtiles, laisser périr la liberté publique ? S'en suit-il qu'il faille faire autant de procédures par écrit qu'il y aura de personnes arrêtées ? L'obligation de dresser les procès-verbaux en forme décourage les citoyens généreux qui ont eu le courage de s'exposer à toutes les fureurs de l'aristocratie. Ces hommes simples et vertueux, qui ne connaissent pas les subtilités de la chicane, voyant opposer à leurs travaux cette action contre-révolutionnaire, ont laissé ralentir leur zèle, etc[3].

Au dire de M. Aulard[4], les abus contre la liberté individuelle étant devenus trop criants, la Convention se serait déjugée encore une fois, en obligeant, par le décret du 17 frimaire an II, les Comités révolutionnaires à motiver leurs mandats d'arrêt. La portée du décret du 17 frimaire est beaucoup plus restreinte, il y est dit seulement que « par rapport aux *individus non compris littéralement*

[1] Duvergier, *Coll. de Lois*, VI, 295.
[2] *Réimpression du Moniteur*, XVIII, 174.
[3] Séance du 3 brumaire, 24 octobre 1793, *Réimpression du Moniteur*, XVIII, 215.
[4] *Histoire politique de la Révolution*, Paris, Armand Colin, 1901, p. 352.

dans la loi du 17 septembre, contre lesquels il y aurait lieu de prendre des mesures de sûreté, » les Comités devront insérer sur un registre les motifs de ces mesures et les communiquer aux représentants, s'il s'en trouve sur les lieux, et, en l'absence de représentants, au Comité de Sûreté générale[1].

A la fin de frimaire, un député ayant apporté la plainte d'un patriote, qui se prétendait vexé par la décision d'un comité révolutionnaire, plusieurs voix s'élevèrent pour déclarer que toutes les fois que des comités révolutionnaires avaient donné lieu à reprocher, on trouvait parmi leurs membres des nobles ou des prêtres, et qu'il y avait lieu de tenir la main à l'exécution du décret du 21 mars, qui excluait des comités tous les ci-devant privilégiés[2].

La législation qui régissait les comités révolutionnaires était, on le voit, des plus simples ; ils avaient le droit de faire emprisonner qui il leur plaisait, ou, si l'on préfère, quiconque leur déplaisait, mais ils n'avaient aucune attribution judiciaire ou administrative.

II

La ville de Nantes, avant d'être affligée du fameux Comité que les représentants Gillet et Ruelle lui imposèrent, par leur arrêté du 20 du premier mois de l'an II, 11 octobre 1793, en avait subi plusieurs d'origines diverses, à la vérité plus modérés que celui-là, mais dont on ne peut nier le caractère révolutionnaire, puisqu'ils ont ordonné des arrestations suivies d'emprisonnement, sans y avoir été autorisés par aucune loi, et qu'ils n'ont pas respecté les garanties accordées à tous les citoyens par la Constitution.

L'urgence de combattre l'insurrection qui avait éclaté dans la Loire-Inférieure, le 11 mars 1793, avait absorbé tous les soins des diverses administrations de ce département, et on ne s'était pas occupé d'établir les comités chargés de surveiller les étrangers, selon les termes de la loi du 21 mars. Le danger que la ville courait

[1] *Réimpression du Moniteur*, XVIII, 616.
[2] *Eod.* XVIII, 693.

d'être envahie par les rebelles avait motivé la réunion, en une seule assemblée, des membres composant les trois administrations du Département, du District, et de la Municipalité. Le 14 mars, cette assemblée avait réparti les divers services à des comités spéciaux qui s'intitulèrent : Comité militaire, des approvisionnements, des rapports, et d'exécution. Les présidents des trois administrations, Beaufranchet, président du Département, Bougon, président du District, Baco, maire, Letourneux, procureur-général-syndic du Département, et Sotin, membre du Directoire de Département, formaient le Comité central supérieur, chargé d'imprimer au commandement l'unité nécessaire.

Dans la séance du 15 mars, il fut décidé que les personnes suspectes de pactiser avec l'insurrection seraient emprisonnées, et que le soin de les désigner serait confié au Comité d'exécution. Les membres de ce comité étaient Gourlay, membre du Directoire, Soreau, Huard, Francheteau, Maurel, membres du Conseil de Département, Brière, Barré, Bellot, Barre, Crucy, Laënnec, Bachelier, Coron, Saveneau, officiers municipaux, ou notables de la Municipalité. Un certain nombre de citoyens soupçonnés de correspondre avec les insurgés furent arrêtés et envoyés au Château.

Dans un pareil moment, il faut le reconnaître, le danger et la nécessité faisaient loi. De plus les membres du Comité d'exécution n'étaient pas les premiers venus. Tous, au mois de novembre précédent, avaient été appelés par une élection régulière, aux fonctions qu'ils occupaient, et avaient obtenu ainsi une marque de la confiance de leurs concitoyens.

Fouché, envoyé dans les départements de l'Ouest, en qualité de représentant en mission, était arrivé à Nantes le 25 mars. Dès le lendemain, il prononça la dissolution de l'organisation formée par les Corps administratifs et désigna les membres d'un nouveau comité central, savoir : Baco, maire, Tourgouilhet, officier municipal, Beaufranchet, Letourneux, et Audubon, membres du Département. Sous la direction de ce comité central, le 2 avril, les anciens comités reprirent leurs travaux. Mais il y a tout lieu de présumer, qu'à partir de ce moment, le soin des arrestations fut enlevé au Comité d'exécution, pour être confié par Fouché à un Comité de Sûreté générale formé par lui.

Une proclamation de ce représentant, datée de Nantes le 27 mars, et suivie d'un dispositif intitulé : mesures de sûreté générale, « enjoint (art. 8) à tous les citoyens de dénoncer au Commissaire député de la Convention nationale, et *aux adjoints qu'il désignera*, tous ceux qui sont entrés dans la conjuration contre la liberté[1] ». D'autre part, Villenave nous apprend, dans *Le Cri du Républicain persécuté*, (p. 5 et 6), « qu'il fit partie du premier Comité de Sûreté générale organisé par Fouché, et que les membres en furent choisis sur une liste qu'il lui avait présentée, et qui contenait les noms de Chaux[2], Richelot, Houget, et autres sans-culottes, et, qu'en l'absence de Fouché, c'était lui, Villenave, qui présidait le comité. » Fouché annonce qu'il va désigner des adjoints ; Villenave dit que ces adjoints furent choisis sur sa liste, il est évident que c'est le comité formé de ces adjoints qui doit être regardé comme le premier Comité révolutionnaire qui ait existé à Nantes.

En l'absence de documents, on ne saurait dire quels membres, autres ceux qui viennent d'être nommés d'après Villenave, composaient ce comité, ni quelle fut sa durée. Nulle part je n'ai aperçu les traces de son action. Vraisemblablement il dura jusqu'au commencement de juin, époque où l'inquiétude de voir l'armée vendéenne marcher sur Nantes avait eu pour effet de laisser le général Beysser devenir le maître unique et absolu de la ville. Sans se soucier d'un décret du 2 juin, qui avait ordonné l'arrestation de tous les suspects dans le département de la Loire-Inférieure[3], Beysser, d'accord avec le représentant Coustard, avait au contraire fait mettre en liberté la plupart des personnes qui avaient été emprisonnées comme rebelles ou comme complices des rebelles.

Le 3 août, Philippeaux arriva à Nantes fort excité contre les fédéralistes et les royalistes. Un arrêté ordonnant « de rétablir dans les maisons d'arrêt » tous les prévenus suspects élargis par Coustard, fut signé par lui et ses deux collègues, Gillet et Merlin, et,

[1] Comte de Martel, *Étude sur Fouché*, Paris, Lachaud ; 1873, t. I, p. 52.

[2] Duvergier, *Collection de Lois*, V, 387.

[3] Le fait de la présence de Chaux dans ce Comité est confirmé par lui-même. (*Coup-d'œil pour servir à ma défense*, p. 9.)

comme le Conseil général de la Commune était chargé de l'exécution de cette mesure, ce Conseil invita Philippeaux et Gillet à la confier à un comité composé de deux membres de chaque administration, et d'un membre de chaque société populaire[1]. Le nombre des membres de la Commune fut porté à trois, et ils furent choisis au scrutin. Tourgouilhet obtint 19 voix, Dorvo 14, Bachelier 9. Le Conseil de Département, le même jour, nomma Francheteau (Jacques-Alexis), ancien député des Marches à la Constituante, et Heureux[2]. Les procès-verbaux du District sont absolument muets sur le choix des deux membres de cette administration. D'après une note manuscrite de Dugast-Matifeux, Francheteau devint le président de ce Comité, dit de Salut public, qui aurait de plus compté parmi ses membres Louis Boyer et Goudet, ce dernier vraisemblablement choisi comme membre du club Saint-Vincent.

Le 12 septembre, les membres désignés par le Conseil général de la Commune demandèrent à être remplacés, en alléguant pour raison d'autres occupations, et l'assurance qu'on leur avait donnée qu'ils ne resteraient en fonctions que pendant un mois.

Le Conseil se rendit à leur vœu et nomma : Chauceaulme, notable, qui avait obtenu 7 voix au scrutin du 11 août, et deux officiers municipaux, Douillard, architecte, et Barre, ministre protestant[3].

III

La loi des suspects, qui dut être connue sinon promulguée à Nantes le 23 septembre, donnait, comme je l'ai dit dans l'exposé de a législation, une importance considérable aux Comités de surveillance, et les membres qui composaient celui du 11 août étaient des patriotes bien tièdes, et, pourrait-on ajouter, mal disposés par leur passé à faire la besogne que l'on attendait d'eux. Un nouveau

1 Procès-verbaux du Conseil général de la Commune des 9 et 11 août 1793, f°s 73 et 77, (Archives municipales.)

2 Conseil de Département, 9 août 1793. (Archives départementales.)

3 Proc.-verb. Conseil gén. de la Comm. f° 187.

comité, choisi parmi les sans-culottes, fut donc institué le 29 septembre 1793, sous le titre de Comité de surveillance, par arrêté de Philippeaux, Gillet et Ruelle, avec la mission « de rechercher toutes les intrigues des gens suspects, d'arrêter et d'incarcérer les conspirateurs, d'interroger tant les anciens que les nouveaux détenus, etc[1]. » Les membres désignés étaient : Badel, qui devint plus tard accusateur public ; Colas, gabarier ; Coiquaud, fils ; Joullain, marchand ; Goudet, professeur de langues ; Bachelier, procureur ; Caussiran, vitrier ; Guillet, cloutier ; Kermen, commis ; et Bertrand, sculpteur.

« Nous avons fondé un nouveau Comité », écrivaient, le 6 octobre, au Comité de Salut public, les représentants Gillet, Turreau, Ruelle, Philippeaux et Méaulle[2]. Dans son *Compte-rendu au Comité de Salut public* (4e partie, p. 28), Philippeaux vantait ainsi son zèle et sa vigueur : « Un ancien Comité de Salut public (celui du 11 août), au lieu d'être la terreur des malveillants, en étai souvent le refuge. Nous lui avons substitué un Comité de surveillance formé de sans-culottes, vigoureux révolutionnaires, mais à la fois sages et prudents, qui ont justifié notre confiance et celle de la Société populaire, en faisant prompte justice des conspirateurs et des gens suspects. »

Les assertions de Dugast-Matifeux, en ce qui concerne les dates et les faits matériels, ont une autorité devant laquelle je suis tout disposé à m'incliner. Aussi convient-il de relever les erreurs de cette sorte, fort rares, qu'il a pu commettre. Dans sa *Vie de Bachelier,* qui n'est qu'une apologie de ce faux bonhomme, mais qui, à l'époque où il la publiait, révélait bien des faits ignorés à Nantes, il s'est trompé (note de la page 17) en disant que la phrase de Philippeaux citée ci-dessus « au lieu d'être la terreur des malveillants en était souvent le refuge » visait le comité institué le 29 septembre, et que « les sans-culottes vigoureux étaient ceux du Comité du 11 octobre, dont il sera question tout-à-l'heure, et qui comprenait

[1] Voir le texte complet de l'arrêté, *le Fédéralisme dans la Loire-Inférieure*, par A. Lallié, *(Revue de la Révolution*, 1889, XVI, 132.)

[2] Aulard, *Recueil des actes du Comité de Salut public et des Représentants en mission*, VII, 260.

Goullin et Chaux au nombre de ses membres. Le comité modéré, refuge des malveillants, était celui du 11 août, et celui « des sans-culottes vigoureux révolutionnaires », celui du 29 septembre. Les Badel, les Caussiran, les Colas étaient de vrais sans-culottes, et Philippeaux, en les traitant de modérés, leur aurait fait un honneur qu'ils ne méritaient en aucune façon.

Quelle eut été l'attitude des membres du Comité du 29 septembre, qui furent appelés à d'autres fonctions, s'ils s'étaient trouvés, comme ceux qui les remplacèrent, en présence de Carrier? A en juger par celle qu'ils eurent dans les postes qu'ils occupèrent, on peut assurer que cette attitude eut été purement passive, et je n'excepte ni Goudet, ni Kermen, les seuls qui eussent quelque valeur, et qui, le premier au tribunal révolutionnaire, le second, au Département, ne firent en aucune façon preuve d'indépendance. Une attitude passive des membres de ce comité n'en eût pas moins été un grand bien, si l'on considère tout le mal qu'en occupant leurs places ont fait Goullin et Chaux, tous les deux actifs, intelligents, et d'une perversité à en remontrer à Carrier lui-même.

Pour le malheur de Nantes, ces deux hommes avaient deviné que les pouvoirs confiés aux comités révolutionnaires par la loi des suspects donneraient à ceux qui y siégeraient une influence prépondérante, qu'accroîtrait encore l'autorité des représentants en mission, dont ils avaient toutes chances de devenir les guides et les inspirateurs. Apercevant qu'aucune autre fonction ne pouvait aussi bien servir les intérêts de leur ambition, ils avaient souhaité celle-là. Leurs relations avec les représentants, dont ils étaient ou avaient été les secrétaires, rendirent leurs nominations faciles. Ce fut sur leurs indications que le personnel du Comité du 29 septembre fut modifié. Sauf Bachelier, qui était timide, et ne leur portait pas ombrage, tous ceux qu'ils firent entrer avec eux au Comité étaient des nullités.

L'arrêté, qui reconstitua le Comité du 29 septembre, et qui le qualifia Comité révolutionnaire d'une manière officielle, est signé des représentants Gillet et Ruelle ; il est daté du dixième jour de la deuxième décade du premier mois de l'an II, 11 octobre 1793. Les membres, appelés à le former, devaient être au nombre de treize.

L'arrêté ne contient que douze noms, savoir : Bachelier, Levêque, Goullin, Chaux, Chevalier, Louis, Naux, Perrochaud, Bollogniel, Proust aîné, Mainguet, et Guillet[1].

Le traitement des membres était de six livres par jour, et de huit livres pour les deux secrétaires ; cette dépense devait être acquittée « sur les fonds additionnels de la commune de Nantes, » sorte de revenus qui n'existaient que dans l'imagination des représentants. Par un arrêté de Carrier et Francastel, du premier de la première décade du deuxième mois, 22 octobre, ce traitement fut élevé à dix livres[2].

La formule du serment prêté par chacun des membres était celle-ci : « Je jure de maintenir la liberté, l'égalité, l'unité et l'indivisibilité de la république, la sûreté des personnes et des propriétés, de poursuivre de toutes mes forces les fédéralistes, les feuillants, les modérés et autres ennemis de la chose publique, sous quelque forme et couleur qu'ils osent se montrer ; de ne jamais composer avec l'intérêt personnel, avec la parenté et même avec l'amitié ; de mourir enfin à mon poste plutôt que de fléchir sur les principes de sûreté et de salut public. »

[1] Voici leurs noms, prénoms, âges, professions et domiciles :

Bachelier, Jean-Marguerite, 42 ans, né à Nantes, avoué, rue Contrescarpe, en face le Bon-Pasteur, au 1er étage.

Lévêque, Jean, 37 ans, né à Mayenne, maçon, rue Saint-Nicolas, 6, au premier.

Goullin, Jean-Jacques, 30 ans, né à Saint-Domingue, sans profession connue, rue Félix, sur le Cours, au deuxième étage.

Chaux, Pierre, né à Nantes, 34 ans, marchand failli, place Gracchus, ci-devant Saint-Pierre, autrefois cure Saint-Laurent.

Richelot, entrepreneur.

Chevalier, profession et qualité inconnues, rue Keller, n° 10, près la place Viarmes.

Naux, Louis, 34 ans, né à Nantes, boisselier et faïencier, quai des Gardes-Françaises, (ci-devant Flesselles).

Perrochaud, Jean, 47 ans, né à Nantes, entrepreneur de bâtiments, rue du Bignon-Lestard (actuellement rue Scribe).

Bollogniel, Antoine-Nicolas, 46 ans, né à Paris, horloger, Haute-Grand'rue, n° 38.

Proust aîné, Yves, cloutier, rue de la Boucherie.

Mainguet, Jean-Baptiste, 35 ans, né à Nantes, épinglier, rue Saint-Nicolas, 23.

Guillet, Pierre, 26 ans, cloutier, rue Saint-Nicolas.

Moreau de Grandmaison, Michel, 38 ans, né à Nantes, maître d'armes, vis-à-vis la Bourse, maison Sagory, sur le derrière, n° 9, premier étage.

[2] Comité de Bô, Correspondance ; lettre du 2 thermidor an II.

Bachelier avait signé l'arrêté fédéraliste du 5 juillet, mais il s'en cachait.

Le treizième membre fut nommé au scrutin, par le Comité lui-même, qui choisit Grandmaison, le 11 brumaire an II, 1er novembre 1793.

Dans le cours de son exercice, qui dura jusqu'au 10 prairial an II, 29 mai 1794, le Comité ne fut pas composé des mêmes membres. Richelot en sortit le premier, le 28 frimaire, 18 décembre 1793. Il avait convoité la situation d'architecte-voyer de la ville, qui était occupée par un homme éminent, Mathurin Crucy, et bien qu'il ne fût guère qu'un maçon, il avait obtenu de ses collègues, le 24 brumaire, qu'ils présentassent à la signature des représentants un arrêté rédigé d'avance, qui le nommait architecte-voyer de la ville de Nantes[1]. Gaullier, père, maître d'écriture, fut appelé à le remplacer.

Au commencement de nivôse, Louis Naux, ayant été trouvé la nuit chez un bijoutier par des camarades qui faisaient une perquisition, fut soupçonné de s'être introduit dans la maison pour y commettre un vol, et, pour cette raison, exclu pendant quelque temps du Comité. Il donna de sa présence chez le bijoutier le motif d'un rendez-vous galant avec la servante, et il reprit ses fonctions[2]. On se rappela alors une loi du 7 frimaire, qui interdisait à des parents, jusqu'au quatrième degré, de faire partie du même Comité, et, comme il était beau-frère de Guillet, on inscrivit au procès-verbal qu'il avait démissionné à cause de sa parenté, mais reprenait ses fonctions, en présence du désir exprimé par Guille de se retirer. A partir du 17 nivôse, 6 janvier, le nom de Guillet disparaît complètement des procès-verbaux.

Le 18 pluviôse, Chevalier tomba malade et l'intérim fut confié à Yves Berthault, avec le titre d'adjoint, durant une période qu'il est difficile de déterminer, parce que le nom de Chevalier continua d'être inscrit sur les procès-verbaux et que celui de Berthault n'y figure pas.

[1] Tous ces menus faits sont empruntés au *Bulletin du Tribunal révolutionnaire*, VI, 334, et aux Procès-verbaux du Comité Révolutionnaire.

[2] *Bull. du Trib. révol.* VI, 287 et 323.

A partir du 6 pluviôse, 25 janvier 1794, Louis Naux semble avoir déserté le Comité; on cesse de voir son nom; cependant il ne donna sa démission définitive que le 18 ventôse, 8 mars, en alléguant sa parenté avec Perrochaud et la loi du 7 frimaire. On jouait de cette loi selon le besoin ou la fantaisie.

D'une mention très nette, signée de Garreau, et portée au registre des Déclarations faites à la Municipalité, il résulte que ce Garreau, qui était officier municipal, fut appelé à siéger au Comité à partir du 26 pluviôse, 14 février 1794; mais aucun procès-verbal ne mentionne sa présence.

Le 30 pluviôse, 18 février, on voit apparaître C. F. Petit[1] qui fit jusqu'à la fin partie du Comité. Sur les antécédents de Petit, de même que sur ceux de Chevalier, les renseignements font presque entièrement défaut. Petit avait été nommé membre du Conseil de département, le 19 vendémiaire an II, et y avait siégé jusqu'à l'époque de sa dissolution, le 6 nivôse. Il avait cela de commun avec plusieurs de ses collègues, qu'il était aux prises avec des créanciers[2]. J'aurai dit tout ce que j'ai pu apprendre sur ces deux inconnus, si j'ajoute que Chevalier et Petit avaient, dans la compagnie Marat, chacun un homonyme que je soupçonne avoir été leur frère, et qu'ils ne signèrent aucun ordre de mort. Petit remplaçait Guillet. La place de Naux demeura vacante. On l'offrit à Champenois, qui fit savoir, le 4 ventôse, 22 février, qu'ayant été destitué par Carrier de ses fonctions d'officier municipal, il attendrait, pour accepter, sa réintégration à l'Hôtel de ville.

Proust se retira le 25 germinal, 14 avril. A cette date le procès-verbal porte ces lignes : « Les représentants autorisent le citoyen Proust, membre de notre Comité, de se démettre de ses fonctions, pour se livrer tout entier à la partie des clous, dont la République a un besoin indispensable. »

Les pouvoirs accordés aux Comités révolutionnaires par la loi des suspects, en ce qui concernait les arrestations et les emprisonne-

[1] Petit a déclaré (Registre des Déclar., n° 104, Arch. municip.) avoir été nommé par Carrier le 26 pluviôse, au moment de son départ de Nantes.

[2] Plaquette in-4°, de 7 p., sans nom d'imprimeur, intitulée : *Bouchereau à ses concitoyens*, 2 messidor an II, p. 5. Bouchereau était huissier.

PAGINATION DECALEE

ments, étaient illimités, mais bornés à la disposition des personnes, et nullement de leurs biens. Quand la dénonciation qui avait motivé une arrestation était grave, ils devaient la transmettre aux tribunaux. Ils n'étaient, ainsi, qu'indirectement les pourvoyeurs de la guillotine.

La disposition des Comités à lever des taxes s'étant manifestée en divers lieux, la Convention avait cru devoir y apporter un frein en édictant, dans le décret du 14 frimaire, 6 décembre 1793, une disposition ainsi conçue : « *Aucune taxe*, aucun emprunt forcé ou volontaire, ne pourront être levés *qu'en vertu d'un décret*. Les taxes révolutionnaires des représentants du peuple n'auront d'exécution qu'après avoir été approuvées par la Convention, à moins que ce ne soit en pays ennemi ou rebelle. (Art. 20, section III du décret sur le mode de gouvernement provisoire et révolutionnaire[1]). J'appelle l'attention du lecteur sur cet article, dont le Comité révolutionnaire de Nantes affecta, jusqu'à la fin de son exercice, d'ignorer l'existence.

IV

Les pouvoirs illimités des représentants légitimaient toutes les mesures, soit qu'ils les eûssent ordonnées directement, soit même qu'elles eûssent été seulement tolérées par eux, et ce fut à la connivence de Carrier que le Comité révolutionnaire de Nantes dût de pouvoir empiéter, comme il le fit, sur les attributions des administrations et des tribunaux. Carrier, uniquement occupé de détruire les milliers de prisonniers vendéens amenés à Nantes et assuré que le Comité était *à la hauteur*, lui avait laissé la complète domination de la ville de Nantes et de ses habitants. Il n'autorisa jamais formellement le pillage des magasins et des maisons des suspects, mais il ne s'inquiéta jamais d'apporter une limite aux abus de pouvoirs du Comité.

Ces abus de pouvoirs allaient jusqu'à disposer du patrimoine des suspects. On voit, par exemple, qu'à la date du 9 nivôse (29 dé-

1 Duvergier, *Collection de Lois*, VI, 395.

cembre 1793), Idlinger réclame du Comité qui l'a dépossédé les sommes nécessaires pour acquitter des traites protestées. Le 12 nivôse, (1er janvier 1794), le Comité décide, par un arrêté, que les créanciers *patriotes* de Perrotin, riche négociant, ne seront payés que sur la production d'actes authentiques.

Après le départ de Carrier, l'habitude de ces abus continua. On lit au procès-verbal du 5 ventôse (23 février), la décision suivante : « Les débiteurs des détenus devront faire leur déclaration dans le délai d'un mois, sous peine d'être déclarés suspects. On tiendra aussi note des fournisseurs créanciers des détenus. » Imaginerait-on un moyen plus ingénieux pour connaître les disponibilités de la fortune mobilière de chacun des habitants d'une ville? Qui, en vertu des exigences de la vie courante, n'est pas débiteur ou créancier, et même les deux à la fois ? De cette façon, le Comité savait à quelle porte, ou plutôt à quelle caisse il pouvait frapper.

Le 9 ventôse (27 février), le Comité arrêtait : « Les voitures employées à la conduite des gens suspects seront payées à chaque maître de fiacre proportionnellement à ce qui est dû à chacun, et les riches subviendront à cette dépense. » Une note de 4.362 liv. fut ainsi acquittée par des personnes présumées avoir de la fortune, et l'avance, sinon le payement, en fut faite par les citoyens Fleury, Fruchard, Geslin et autres[1]. Le négociant Perrotin dut contribuer pour 100 liv., bien qu'il ait été reconnu qu'il avait été arrêté sans raison, et que la voiture ne lui avait servi que pendant quelques instants[2].

Ce n'était pas assez d'emprisonner les négociants suspects et de leur rendre impossible la direction de leurs maisons de commerce, le Comité s'ingérait de pénétrer chez eux et de vendre leurs marchandises. On lit au procès-verbal du Comité du 1er germinal (21 mars) : « Extrait du journal tenu par le citoyen Clavier, receveur des Domaines, des recettes et des dépenses faites pendant les trois décades de ventôse, pour le produit des sucres et autres marchandises vendues *pour le compte* des incarcérés. » Que le produit

[1] Déclarations à la Municipalité, de Dupoirier, n° 80; de Dubois, n°s 121 et 183.
[2] *Bull. du Trib. révol.*, VI, n° 58, 229.

de ces ventes n'allât pas dans la caisse du Comité, ce n'en était pas moins une illégalité de l'attribuer aux Domaines. Une loi avait prononcé la confiscation des biens des émigrés, mais il n'en existait pas qui eût prononcé celle des biens des suspects. En admettant que les Domaines ne fissent qu'un encaissement provisoire comme semblent l'indiquer les mots « pour le compte des incarcérés », le commerçant dont la marchandise était vendue à contre-temps, sans son intervention, au prix du maximum, sinon au-dessous, était nécessairement lésé, et, ce qu'il perdait ainsi ne pouvait profiter qu'à des acheteurs peu scrupuleux, comme il s'en trouve toujours.

Les commerçants n'étaient pas seuls exposés à ces perquisitions. Les membres de la compagnie Marat, et, après sa disolution, les commissaires du Comité, dont plusieurs avaient fait partie de cette compagnie, se faisaient ouvrir les portes de toutes les maisons, où ils espéraient trouver quelque chose à piller. Il leur arrivait même quelquefois de forcer la porte sans prévenir l'habitant. C'est ainsi qu'un médecin connu, nommé Tréluyer, demeurant rue Crébillon, trouva, en entrant chez lui, le 3 frimaire,(23 novembre,) René Naux et Giret en train de faire la revue du contenu de ses meubles ; ils s'étaient introduits tout simplement au moyen d'un passe-partout[1].

Ces perquisitions étaient le plus souvent suivies d'une apposition de scellés qui se faisait d'une manière dérisoire, et sans aucune des garanties qui auraient pu justifier l'emploi de cette formalité. Il est probable même que ces appositions de scellés n'avaient d'autres motifs que l'extorsion d'un impôt supplémentaire au profit du commissaire. Un prisonnier avait besoin d'un objet quelconque qu'il avait laissé chez lui, il chargeait un commissaire d'aller le lui chercher, ou de le remettre à une personne désignée ; l'enlèvement et la réapposition du scellé procuraient à ce commissaire une aubaine de 3 liv. 10 sous[2]. Si, d'aventure, un procès-verbal de la perquisition était dressé, il l'était hors de la présence de l'habitant dont le domicile avait été visité. Le scellé collé avec de la cire, on y appliquait un cachet quelconque ; plusieurs fois on se contenta de l'empreinte

[1] Déclar., n° 112.

[2] Proc. verb. du Comité du 7 nivôse. Décl. de Guichard, n° 37. Gallon faisait même payer 4 liv. 10 sous, Déclar de Gaullier, membre du Comité, n° 67.

du dé de la cuisinière, et même simplement de celle du pouce[1]. Gicqueau, administrateur du Département, rappela que, chez M. Roselly, demeurant rue du Château, qui, à la vérité, n'était pas seulement suspect, mais émigré, on avait bien mis les scellés sur les portes, mais qu'on avait laissé un passage permettant l'accès à un cabinet qui contenait des objets précieux[2]. Du reste, il parait que, le plus souvent, on ne mettait les scellés sur les meubles qu'après en avoir extrait les bijoux et l'argent comptant. C'était, dit le président Dobsent, « la louable habitude du Comité révolutionnaire »[3]. Une levée de scellés, qui mérite d'être notée, est celle qui eut lieu, sur l'ordre du Comité, inscrit au procès-verbal du 18 pluviôse (6 février) : « Ordre à Gallon de lever les scellés chez Coutance, maison Bellevue. » L'appartement de M. de Coutance était contigu à celui qu'occupaient Goullin et Gallon ; M. de Coutance, envoyé à Paris, venait d'y mourir en prison ; sa femme était au Bon-Pasteur. Goullin trouvait commode de s'installer dans ce logement, ce qu'il fit. Le Comité fit vendre ceux des meubles des Coutance dont Goullin ne trouva pas avoir l'emploi[4]. Aucune décision judiciaire n'avait atteint ni M. ni Mme de Coutance.

La liste détaillée et nominative des exactions du Comité, que je donnerai plus loin, est longue; néanmoins, je puis affirmer qu'elle est fort incomplète. Lors du procès de Paris, il fut fait un premier envoi des pièces les plus importantes des archives du Comité ; il en fut fait un second à Angers, lorsque les membres acquittés à Paris furent traduits devant le tribunal criminel de Maine-et-Loire.

Voici la preuve de ces envois : à la date de la 2e sans-Culottide de l'an III, (18 septembre 1795), on lit sur le registre de la correspondance du District de Nantes, f° 113, la copie d'une lettre adressée au directeur du jury du tribunal d'Angers, dans laquelle il est dit que, le 26 fructidor an II, à l'époque où s'instruisait le procès de Paris, on a envoyé « un grand nombre de pièces, même les originaux ».

[1] *Bull. du Trib. révol* VII, 13 ; VI, 236, 245.

[2] *Bull. du Trib. révol.*, VI, 347.

[3] *Eod.* VI, 288.

[4] Voir sur Goullin et la famille de Coutance. *Le sans-culotte Gaullier*, p. 80 : — *Les cent trente-deux Nantais*, p 93. — Emigrés, 26 prairial an III f° 165.

A la date du 7 nivôse an IV, (28 décembre 1795), sur le même registre, f° 123, on constate qu'un dossier, comprenant notamment les livres trouvés chez Durassier, (ancien membre de la Compagnie Marat) a été envoyé à Angers. D'autre part le procès-verbal du Comité de Surveillance qui avait succédé au Comité poursuivi, porte, à la date du 1er complémentaire an III, (17 septembre 1795), que les registres confiés à un nommé Constantin, pour être remis au greffe du tribunal d'Angers, étaient : 1° un petit registre, écrit jusqu'au f° 4, contenant les noms des citoyens qui ont déposé des sommes ; 2° un registre intitulé *Journal*, commencé le 19 nivôse, et écrit jusqu'au f° 19 ; 3° un registre intitulé *Journal des assignats, bijoux et argenterie*, commençant à la même date.

Vers la fin de nivôse, milieu de janvier, au moment où le Comité publia son *Compte rendu au District, d'après la loi du 14 frimaire*, pièce qui fut imprimée, il reconnaissait avoir reçu des dons qui s'élevaient à la somme de 64,450 livres et faisait état 1° de la somme de 61,882 livres 19 sous, et 2° de 556 marcs d'argenterie pris à des personnes sous le coup de la loi.

Les registres envoyés à Paris et à Angers permettraient seuls d'établir avec exactitude le bilan du Comité. Ils ont disparu, et on ne les trouve dans aucun des dépôts d'archives de ces deux villes. Ont-ils été détruits par des amis des membres du Comité ? Ont-ils été détournés dans le trajet de Nantes à Paris et à Angers ? Cependant Laënnec, dans une lettre datées de Paris pendant le procès, parle de liasses de documents qui accusent le Comité. Ce qui est bien certain, c'est que le compte-rendu des débats ne mentionne point de pièces produites par l'accusateur public contre les membres du Comité, autres que celles imprimées par Phelippes dans ses *Mémoires*, et les *Pièces contre Carrier remises à la Commission des vingt-et-un*. Faut-il attribuer seulement à la négligence du président Dobsent, et de l'accusateur public Leblois, que, par exemple, il n'ait point été parlé dans le cours des débats, d'une lettre qui était pourtant de nature à éclairer les jurés sur la valeur des déclarations des accusés, et dont la teneur est révélée par la mention suivante, au registre déjà cité du Comité de Surveillance qui succéda au Comité mis en accusation : « Lettre trouvée dans les papiers du Comité, et signée Naux, agent de la Commission civile et administrative, datée de Nantes le 12 floréal an II (un peu plus d'un mois avant les poursuites exercées contre le Comité), dans laquelle il propose, aux membres du Comité, de prendre un arrêté fraternel, dans lequel on se jurera amitié et secours en cas que quelqu'un fût inculpé pour les occupations ordonnées par le représentant du peuple et, en marge : « envoyé cette lettre à Paris[1] ». Cette précaution n'indiquait-elle pas, de la façon la plus claire, la conviction des membres du Comité qu'ils pouvaient être inculpés de complicité pour les *occupations* ordonnées par Carrier, euphémisme assez heureusement trouvé, et, de plus, qu'ils se soutiendraient les uns les autres s'ils étaient accusés ?

De tous les registres du Comité, un seul a été conservé, celui des procès-verbaux des séances de chaque jour. Quoique sommaires, ces procès-verbaux forment un recueil de renseignements précieux et précis, sur les arrestations opérées, sur le personnel qui composait ce Comité, sur un certain nombre d'exactions, et sur les décisions importantes. Toutes celles qui ont été citées, dans les pages qui précèdent, ont été copiées sur ce registre. Les dates sont certaines, chaque procès-verbal étant daté et signé des membres présents à la séance. Les vingt premiers, jusqu'à novembre, ont pu néanmoins avoir été refaits et corrigés ; en tout cas, il est bien certain qu'ils ont été recopiés, et, ce qui le démontre, c'est que, du 11 octobre au 2 novembre, ils sont datées vendémiaire et brumaire, à un moment où l'année républicaine n'avait pas encore reçu les dénominations nouvelles. A Paris, le numéro du *Moniteur* du 28 octobre est encore daté du 7 de la première decade du deuxième mois, et c'est sur celui du 29 octobre seulement qu'on voit apparaître le nom de brumaire, « octidi, première décade de brumaire. — Mardi, 29 octobre 1793, vieux style. »

Ce n'est qu'en usurpant, très illégalement, certaines attributions administratives, telles que la répurgation des rues, l'établissement de nouvelles prisons, etc., ou, en s'ingérant dans l'exécution, de

[1] Procès-verbal du Comité de Surveillance nommé par Bô, 3 frimaire an III (23 novembre 1794.)

mesures révolutionnaires inavouables, telles que les noyades, que le Comité révolutionnaire de Nantes avait été amené à ordonnancer des dépenses, dont le payement devait, dans ses prévisions, incomber aux riches de la ville. Il provoqua, pour les solder, des offrandes d'argent, que les riches lui apportèrent aussi volontairement que fait le voyageur isolé qui, la nuit au coin d'un bois, vide ses poches à l'appel de brigands qui lui demandent la bourse ou la vie. La tenue d'une comptabilité régulière est la première des obligations qu'impose le maniement des fonds d'autrui, mais les membres du Comité avaient la prétention de travailler pour le Salut public ; or, en temps de révolution, le Salut public est un genre de travail que, ceux qui s'y dévouent, regardent volontiers comme assez méritoire pour être à l'abri du contrôle. Insouciance ou calcul malhonnête, personne au Comité ne songea à mettre de l'ordre dans la gestion de ces finances improvisées. Tout, pourtant, n'était pas cadeaux dans les recettes du Comité. Il y avait l'argenterie des églises ; celle aussi des particuliers, dont maintes pièces furent confisquées par des membres de la Compagnie Marat, qui trouvaient toujours le moyen de justifier leurs prises en invoquant le décret du 23 brumaire an II, le décret qui déclarait confisqués au profit de la République, « tous métaux, monnayés, ou non, tous objets précieux qui seraient découverts, ayant été cachés ou enfouis, dans la terre, dans les caves, les combles, les cheminées, et autres lieux secrets[1] ».

Garreau, cet officier municipal, qui avait, d'après son dire, siégé quelque temps au Comité, rapporte, dans sa déclaration à la Municipalité, que Barras, « secrétaire salarié du Comité », inscrivait sur une feuille volante les dons des citoyens, et que Chaux en faisait autant pour les souscriptions qu'il provoquait en faveur de son chemin de Bourg-Fumé.[2] Goullin, ajoute-t-il, était trésorier, et

[1] Duvergier. *Collect. de lois*. VI, 349.

[2] Chaux possédait une petite campagne dans la région de Saint-Luce, et, comme le chemin qui y conduisait était mauvais, il avait entrepris de le faire réparer, au moyen de subventions qu'il sollicitait des personnes qui venaient au Comité. D'après sa déclaration au procès, « les subventions n'auraient pas dépassé trois mille livres, qui furent consciencieusement employées » (*Bull. du Trib. révolut.* VI, 300.) Le compte détaillé du Comité montre que cette somme s'élevait à 15.100 liv.

déposait, dans une armoire dont il avait la clef, une quantité d'objets précieux. Perrochaud avait aussi la clef d'une armoire et d'un grand coffre qui renfermaient de l'argent et des assignats[1]. Proust, le membre du Comité, a confirmé cette déclaration et y a ajouté, en déposant, qu'il se rappelait, qu'à un certain moment, probablement durant le voyage de Goullin à Paris, ce fut Bachelier qui eut la clef du trésorier[2]. On lit, dans la déclaration faite par Mainguet, autre membre du Comité, homme borné, presque inconscient du rôle qu'on lui faisait jouer : « Il a été porté au Comité une grande quantité de louis d'or et d'argent monnayé. Il y a environ quinze jours, (ce qui, d'après la date de la déclaration, reporte au milieu de prairial, commencement de juin) on comptait encore l'argent blanc. J'en aperçus une grande quantité, que l'on mettait dans des sacs. J'en parus étonné, et demandai d'où venait cet argent. — Bast ! me répondit Goullin, cela te regarde bien ! »[3] Bonamy, Agent-national du District[4], a déclaré, comme témoin au procès, que, toutes les fois qu'il est allé au Comité, il a remarqué beaucoup de désordre, et qu'il voyait Goullin manier des bijoux de grande valeur .. Un jour que le Comité avait fait remettre à la Commission de Salubrité une somme de dix mille livres, il se trouva que l'un des sacs ne contenait que 850 livres. Présent au Comité, au moment de la réclamation faite à ce sujet, il osa dire qu'il serait désirable que le Comité nommât un caissier, qui mettrait de l'ordre dans les recettes et les dépenses. Il lui fut répondu que c'était inutile, parce qu'il ne se produisait jamais d'erreurs[5].

Voici enfin, sur la même comptabilité l'opinion exprimée par Joseph Hérié, menuisier, l'un des membres du Comité nommé par Bô, pour remplacer celui de Goullin et de Chaux : « J'ai trouvé, dit-il, dans la caisse, une somme de 200,000 liv.; j'ai trouvé tous les

[1] Registre des déclarations ouvert à la Municipalité à la suite de la mise en accusation du Comité N° 104. (Archives municipales).

[2] *Bullet. du Trib. révol.* N° 98, p. 403 ; et déclaration de Gaullier n° 67.

[3] Registre des déclarations, n° 124.

[4] Les Agents nationaux avaient été institués par la loi du 14 frimaire pour exercer les fonctions attribuées auparavant aux procureurs-syndics.

[5] *Bullet. du Tribunal révol.* VI, 299.

objets réclamés par les détenus ; cependant j'ai trouvé peu de recettes et beaucoup d'articles de dépenses[1] ».

Il a été fait, en passant, allusion à un voyage de Chaux et de Goullin. Tous les deux avaient été appelés à Paris, par le Comité de Sûreté générale, pour déposer dans un affaire où se trouvait impliqué un officier général nommé Joznet-Laviollais, à la légère accusé d'un crime Pour s'être faits simplement les éditeurs de cette dénonciation téméraire, on les avait supposés capables d'en apporter les preuves. En réalité, ils ne savaient rien de l'affaire, puisque le prétendu crime avait été commis aux colonies. Les deux camarades étaient partis joyeusement pour la capitale, le 24 ventôse, (14 mars 1794), emmenant chacun avec eux, une couple d'amis, et emportant un viatique de quatre mille livres, *empruntées* à la Caisse du Comité ; somme qui fut insuffisante comme nous le verrons tout-à-l'heure.

Durant leur séjour à Paris Goullin et Chaux semblent avoir fait complètement trève à leurs fonctions patriotiques. Les procès-verbaux du Comité ne mentionnent la réception de leurs lettres qu'à très longs intervalles. En voici cependant, une de Goullin que j'ai rencontrée dans la collection Dugast-Matifeux, et qui n'est pas sans quelque saveur. Goullin s'y révèle tout entier ce qu'il était, fanfaron, léger, prodigue, et besogneux :

Paris, 11 germinal an II, (31 avril 1794)

AU COMITÉ RÉVOLUTIONNAIRE DE NANTES, EN LA PERSONNE DE BACHELIER, GOULLIN.

« Je m'adresse à toi, de préférence, mon bon camarade, et nos collègues ne s'en plaindront pas quand ils en connaîtront les motifs.

« Ma foi, c'en est fait de nous, ou plutôt de notre bourse, si tu ne viens à son aide, ou si la Convention nationale ne nous renvoie bien vite à nos fonctions. L'abondance règne ici, mais pour le riche seulement. Le haut prix des denrées les rend rares pour le peuple, et équivaut à la disette. Loyer, bonne chère ou plutôt médiocre chère, vin,

[1] *Eod. VI*, 340. Hérié se trompait sur le chiffre ; l'inventaire de l'encaisse ne s'élevait qu'à 87,000 liv.

blanchissage, et autres frais imprévus et indispensables, tout cela ne s'obtient qu'au poids de l'or. En vérité, en vérité, il faut être opulent pour ne pas exister sans malaise à Paris. — Avec toute la sobriété et toute l'économie que tu me connais, chaque jour nous coûte plus de 40 livres ; ajoutez à cela les frais énormes d'un long voyage, et tu verras, avec deuil, que chaque heure d'absence entraîne, pour Chaux et pour moi, 6 ou 7 fr. après elle. Ah ! qui m'eut dit que le sans-culotte Goullin causerait un jour une telle dépense ! Cette idée m'étourdit et me chagrine. Oui, je mourrai de désespoir si l'on ne me replace à mon poste, ou si, m'employant plus utilement pour ma patrie, je ne lui suis en même temps moins à charge. — Je croyais, et tu en fus témoin, que les 4,000 livres que réclamait sagement Chaux, eussent suffi, et au delà, pour notre expédition, mais je reconnais, un peu tard, que, si elle dure quarante jours, six mille livres passeront. Six mille livres pour un Joznet, c'est beaucoup plus que nous ne l'estimions.

(Ici quelques lignes pour faire connaître que Joznet s'est justifié des accusations portées contre lui, et que le Comité de Salut public lui a rendu sa confiance.)

« En conséquence, mon bon ami, je t'exhorte à nous faire passer, par le prochain courrier, les 2000 en assignats de 400 liv. Consulte, sur ce point, nos collègues, et dis-leur que, si notre bon ange nous ramène parmi eux plus tôt que nous l'imaginons, nous saurons tenir compte de nos dépenses. Ainsi, dans tous les cas, expédie-nous promptement l'objet de notre demande, quitte à rendre s'il devient inutile. Paris est calme, point de nouvelles saillantes. Je vous assure qu'il ne se passera rien d'extraordinaire sans que Goullin ne vous le fasse tenir de la première main. Ecrire ne me coûte pas. Vous savez que c'est ma manie. Ici, je trouve peu matière à l'exercer, aussi je m'en venge sur mes amis. Indulgence, Bachelier, pour ma faiblesse, Ce sera une nouvelle preuve de ton attachement. Ton sincère ami, GOULLIN ».

Les deux voyageurs ne rendirent jamais compte de leurs dépenses. Interrogés à ce sujet par le président du Tribunal révolutionnaire, ils prétendirent n'avoir dépensé pour eux-mêmes que 1600 livres, et répondirent que le surplus l'avait été par leurs amis, qui restaient débiteurs, et qui n'ont jamais cessé de l'être.

Goullin et Chaux ne revinrent à Nantes que le 13 floréal, (2 mai).

Les agréments de la grande ville leurs avaient fait oublier le sage proverbe : Les absents ont tort. Eux partis, le Comité s'était trouvé décapité ; les autres membres se sentaient incapables, à l'exception de Bachelier, d'un caractère timide, et qui n'était guère que le plumitif de la bande. Leur insuffisance les avait rendus modérés, et les arrestations étaient devenues plus rares. Moins effrayés, les habitants commençaient à reprendre leur sang-froid. Si beaucoup de gens vivaient et profitaient des abus du Comité, le nombre de ceux qui souffraient de l'arrêt à peu près complet des affaires était bien autrement considérable. Sans oser se démasquer, le mécontentement se propageait sous le manteau. A durer, la tyrannie s'use comme les autres choses de ce monde, et il arrive toujours un certain moment où il suffit, pour en avoir raison, d'un homme hardi et résolu. Cet homme fut Phelippes-Tronjolly, l'ancien président du Tribunal révolutionnaire.

IV

Mais avant de raconter la lutte de Phelippes contre les membres du Comité, il convient d'entrer dans le détail de leurs vols et de leurs exactions. En voici la liste, établie au moyen de documents de provenances diverses, dont les principaux sont :

1° Les déclarations faites par les spoliés sur un registre ouvert à la Municipalité, le lendemain de l'arrestation des membres du Comité ; abrév. : *Déclarations*.

2° Les comptes-rendus du procès du *Bulletin du tribunal révolutionnaire*, ou d'autres journaux du temps ; abrév. : *Bulletin ;*

3° Les procès-verbaux des séances du Comité révolutionnaire ; abrév. : *Comité ;*

4° Divers comptes, fort incomplets, dressés par les membres du Comité, dans les jours qui précédèrent leur arrestation, et mentionnant certaines recettes ; abrév. : *recette*.

Allonneau ; vols nombreux d'argenterie à son domicile, par Ducoux, et autres membres de la compagnie Marat, le 22 brumaire ; Allonneau, emprisonné à l'Eperonnière le même jour. (Déclar. n°s 22 et 91). L'argenterie envoyée à la Monnaie le 18 nivôse.

Allotte, père. Don pour la salubrité, le 12 ventôse : 4.200 #
Pour le chemin de Chaux : (Déclar. n° 15) . . . . 1.800 #

Anonymes :

Le 15 frimaire, par la citoyenne Rousseau, provenant d'un prêtre déporté : (porté en recette au 9 prairial). . 300 #

Le 15 frimaire, argent saisi sur des brigands par Corra, gendarme au Loroux : (porté en recette au 9 prairial). . . . . 510 #

De divers guillotinés : (Comité, 29 frimaire, f° 61). . 534 #

3 nivôse, saisi sur des brigands, en deux fois : (porté en recette au 9 prairial). . . . . 3.167 #

4 nivôse ; de Barbier de Montaigu, brigand ; (en recette au 9 prairial). . . . . 55 #

12 nivôse ; saisi avec un serment à Louis XVI : (Com.). 450 #

14 nivôse ; argenterie reçue du directeur de l'hospice révolutionnaire ; (quantité non indiquée). . . .

2 pluviôse : Reçu d'un anonyme : (Comité). . . 650 #

5 pluviôse ; id. . . id. . . . . 1.500 #

6 pluviôse ; id. . . id . . . . 400 #

7 pluviôse ; id. prix de vente de divers objets. (Recette au 9 prairial). . . . . . 132 #

9 pluviôse, d'un brigand. (Recette, au 9 prairial). 28 #

21 pluviôse ; d'un brigand : (Recette, 9 prairial). . . 12 #

Du capitaine de la chaloupe *Le patriote* : (Déclar., n° 11). . . . . 3.510 #

17 ventôse ; vente de patates saisies : (Recette du 9 prairial). . . . . 100 #

21 ventôse ; trouvé sur un prisonnier, et en dépôt aux mains de Forget, 35 louis en or : (Comité f° 139). 740 #

Ventôse ; de Picault, prix de bijoux saisis sur divers, et vendus les 17 et 30 germinal. (Comité, 17 germinal — Recette au 9 prairial). . . . . 9.518 #

Autre vente de bijoux, suivant procès-verbal détaillé au journal : (?) (Recette, au 9 prairial.) 3.972 #

A reporter . . . . 31.644 #

Report . . . . 31.644#

Sur la facon dont se faisaient ces ventes de bijoux, V. *Le Sans-culotte Goullin*, p. 85, et *Journal des lois*, compte rendu du procès, nos des 10 brumaire et 7 frimaire an III.

Armand, mis en état d'arrestation chez lui, jusqu'à ce qu'il ait fait un don proportionnel à sa fortune. (Comité 7 ventôse).

Arrault ; a remis en don au Comité 150 liv. ; fut volé de 116 boucants de tabac, dont on ne lui a jamais tenu compte. (Déclarat., n° 126 bis). . . . . . . 150#

Babin ; de messidor, (Saint-Etienne-de-Montluc), pris chez lui ; (porté en recette ; et Déclar., n° 51). . . . 405#

Babut ; veuve ; don au Comité : (Déclar., n° 51). 2.000#

Bailly ; versé par sa nièce Marie Lieutaud, le 13 ventôse : (Décl., n° 194. — *Bull.*, VI, 302). . . . 5.000#

Ballan ; rue Pigalle ; pris chez lui : (porté en recette au 3 nivôse). . . . . 749#

Baudouin ; au moment de son arrestation, on saisit sur lui : (Comité, 26 frimaire, f° 61). . . . . . 5.000#

Le 21 pluviôse, il fit un don de : (Comité f° 110, Déclar. n° 56) . . . . 3.000#

Bedert, Jacques, ancien négociant, place de l'Egalité, maison Tarin ; arrêté par Coron, le 19 brumaire ; donna de suite 550# pour le Comité, et 50# pour le chemin de Chaux, et évita ainsi d'être compris au nombre des cent trente-deux ; (Déclar., n° 27) . . 550#

Béconnais, veuve, avait promis 20.000 liv. pour obtenir la liberté de son mari envoyé à Paris et donna : (Comité, 9 ventôse. — Déclar., n° 52). . . . . . . 10.000#

Bellabre, dame de, saisi chez elle ; (porté en recette au 1er pluviôse). . . . . 400#

A reporter . . . . 59.558#

Report . . . . 59.558#

Bernard, l'aîné, don au Comité : (Déclar., n° 185. (Comité, 15 ventôse). . . . . 1.000#

Berthou-Laviollaye ; arrêté le 7 frimaire ; on lui prit chez lui : . . . . 4.000#

Il demanda, par requête du 28 germinal, la restitution de cette somme, et fut mis en liberté, le 11 floréal par ordre de Grandmaison et Bachelier, qui reconnurent qu'il avait été emprisonné par erreur. Affligé d'un tic nerveux, il s'était arrêté à lire des affiches patriotiques et ses gestes avaient semblé être un signe de désapprobation de ces affiches. Richard et Clément, membres de la Compagnie Marat, l'avaient mené en prison et lui avaient volé de nombreux effets à ce moment, sans parler de 4000 liv. qu'ils lui avaient prises. Ils lui offrirent sa liberté s'il voulait leur donner 2.400 liv. (Requête origin. Arch. dép. (Déclar., n° 169).

Biarge et **Brancourt**, dames. Dans une perquisition faite chez elles, de nombreux objets furent saisis par L'évêque et Perrochaud, membres du Comité. Le 5 frimaire Pinatel, commissaire, remit à ces dames un reçu qui ne visait qu'une minime partie des objets enlevés. (Déclar. n° 82 bis). Sur le compte du 9 prairial, se trouvent comme portés en recette au 3 nivôse, 1595# en assignats et 80# en argent : . . . . 1.675#

Le registre du Comité mentionne un reçu du directeur de la Monnaie relatif à l'argenterie de Mme Brancourt. (Com. 13 nivôse).

Bizeul, veuve ; a remis au Comité qui a porté en recette au 3 nivôse comme provenant d'un nommé Morin de Saint-Etienne-de-Montluc : . . . . 2.519#

A reporter. . . . . 68.752#

Report . . . . 68.752#

Budan, veuve ; reçu d'elle et porté en recette au 3 nivôse : . . . . 904#

Canel, Urbain, rue J. J. Rousseau 11 ; don au Comité : (Déclar., n° 123.) . . . . 3.000#

Caradeuc, Thomas, condamné à mort, le 9 frimaire ; Gourlay trouva sur lui une somme de 2376# en or, remise au Comité. (Repert. des Emigrés, n° 822.) . . 2.376#

Carheil, veuve de, volée à sa propriété qui fut pillée et incendiée en octobre 1793, par Pinart et sa bande qui lui prirent en assignats : (*Bull. du trib. révol.* VI, 351.) . . . . 4.000#

Pinart prit aussi, le même jour, dans les poches de sa belle-sœur, Mlle de Carheil, 21 louis en or, et 150# en papier. (Déclar., n° 258.). . . . . 554#

Carrier versa à Perrochaud, pour le Comité, une somme de dix mille livres : (Notes d'audience de Bachelier et *Bull. du trib. révol.* VI, 246). . . . . . 10,000#

Chambellé d'Héry, saisi sur lui : (porté en recette, compte de prairial, au 9 pluviôse) . . . . 560#

Chamois, qui a déserté depuis ; porté en recette au 26 pluviôse comme reçu de lui : 50

Chandenier, dame ; Mainguet et Gallon lui prirent, au moment de son arrestation, 78 marcs d'argenterie, des pierreries et des bijoux qui furent envoyés à la Monnaie, le 21 frimaire (Déclar. de Fleurdepied, concierge du Bon-Pasteur).

Chapron, Jean, emprisonné aux Saintes-Claires ; on prit sur lui, au moment de son arrestation. . . 350#

Charet-Meslier, veuve ; on saisit chez elle : (porté en recette au 15 frimaire). . . . . 4.150#

A reporter. . . . . 95.690#

Report	95.696 #
Chauvet, jeune, place Egalité, 9 ; don au Comité. par les mains de Thomas, chirurgien : (Com., 8 ventôse. Déclar., nos 92 et 118).	1.000 #
Chevigné de Boischollet, prêtre ; saisi chez lui, dans une cachette, or et argent : (porté en recette au 6 nivôse).	1.770 #
Chiché. Dans une lettre adressée par lui à une personne de Blaye, et qui fut saisie à la poste, le Comité trouva et s'attribua le contenu s'élevant à : (Comité, 4 ventôse, fo 122).	2.520 #
Clanchy. Cave de vins fins pillée par Gallon. (Déclar. de Coignard, no 65).	
Coudé, Marc, pris chez lui : (Recette au 25 pluviôse).	107 #
Courson, veuve de ; dépouillée, le 16 ventôse, de toute son argenterie par des agents du Comité(Déclar.). no 61).	
Courtois, Jean, négociant, place de l'Egalité. Goullin l'avait taxé à 30.000 # ; il dit dans sa déclaration, qu'il paya : (Com., 21 ventôse, fo 139. Bull. VI, 299. Déclar. no 87).	6.000 #
Coutance, veuve de ; remise au Comité, par Perrochaud, d'un mandat de 600 #, sur la Caisse du District, trouvé dans une lettre adressée à Mme de Coutance, à ce moment emprisonnée au Bon-Pasteur. (Comité, 6 floréal, an II, fo 41).	600 #
Voir sur les pillages dont Mme de Coutance fut victime : *Le Sans-culotte Goullin*, p. 80 et suiv. ; Phelippes, dans sa déposition, (*Bull.*, VI, 236 et 247) dit qu'on a volé à cette dame plus de 50.000 # d'effets au porteur, et en argent, effets, bijoux peut-être trois cent	
A reporter.	107.693 #

Report	107.693 #
mille livres. On avait pris notamment 800 # en écus de 6 fr. cachés dans un lit, lors de la vente arbitrairement ordonnée de son mobilier. (Emigrés, 26 prairial, an III, f° 165).	800 #
Cruau, Pierre; détenu au Sanitat : envoyé, par Bouché, au Comité, « pour le soulagement des frais de la cité » : (Déclarat., n° 77).	1.000 #
Dallais, prêtre, principal du collège de Thouars ; découvert à Couffé, par la Commission d'Enquête et de propagande, et fusillé aussitôt par ses ordres, le 15 germinal ; somme saisie sur lui, argent : 1610 #., assignats : 200 # ; le tout remis au Comité par Picault : (porté en recette au 17 germinal).	1.810 #
Debrosses, dit Ménard, chirurgien, brigand, guillotiné ; le maire de la Chapelle-Basse-Mer trouva sur lui : (porté en recette au 5 nivôse).	268 #
Deloynes des Vareux, chef vendéen ; arrêté à Carquefou le 1er nivôse ; guillotiné : on trouve sur lui : (porté en recette au 5 nivôse).	224 #
Deurbroucq, Piter : don pour la salubrité : (Com., 9 germinal).	6.000 #
Dhavelooze et Dumaine, négociants ; don au Comité : 2.000 # (f° 66) et 50 # pour le chemin de Chaux : (Déclar., n° 119).	2.050 #
Doucet offrit, le 7 ventôse, 10.000 # au Comité pour obtenir sa liberté ; le Comité refusa le 17 ventôse ; offre de la même somme réitérée et refusée le 3 floréal ; (Comité, aux dates), donna, le 3 floréal, les 10.000 au citoyen Paimparay pour la frégate. (Déclar., n° 29). .	
A reporter.	119.845 #

Report . . . . 119.845#

Drouin ; don au Comité : 3.000# et 300# pour le chemin de Chaux, le 17 ventôse : (Com. et Déclar., n° 60). . . . . 3.300#

Drouin. Charles, rue Racine, 2, don au Comité : 1.000# et 400 pour le chemin de Chaux : (Décl., n° 75). 1.400#

Dubois-Violette ; pour le chemin de Chaux : (Décl., n° 186) fut transféré de suite de l'Eperonnière au Sanitat, et évita ainsi d'être envoyé à Paris (Com., 3 frimaire, f° 40). . . . . 2.000#

Dumais, veuve du concierge de l'Entrepôt, a déclaré avoir déposé au Comité, provenant d'un prêtre d'Angers, noyé le 15 frimaire, 44 louis en or : (*Bullet.* VI, 268. . . . . 1.056#

Edelin ; au procès-verbal du Comité du 6 germinal, on lit : « n'a pas donné assez d'argent, quoiqu'ayant des moyens conséquents du côté de la fortune ; » avait sans doute donné quelque chose.

Fleury, Alexandre, demeurant au bas de la Fosse ; donna : pour le Comité, 4.000# ; pour le chemin de Chaux, 2.000#, et 2.362# pour les voitures des incarcérés, (déclar. n° 116). Voici, d'après les *Mémoires* du greffier Blanchard, dans quelles circonstances ces sommes furent remises : « Le bonhomme Fleury, riche capitaliste, fut arrêté par la compagnie Marat, qui, à sa prière, le conduisit devant le Comité. Fleury, étant devant les membres de ce Comité, les pria de lui faire part des motifs de son arrestation afin de s'en justifier. Point de réponse. Pendant ce monologue, Goullin ne cessa pas d'écrire, sans donner attention à ce que disait Fleury. Celui-ci ne sachant plus que dire pour sa justification demanda enfin : Est-ce

A reporter. . . . . 127.601#

Report . . . . 127.601#

parce que je suis riche que vous m'arrêtez ? Alors, Goullin, sans lever les yeux de dessus son papier, répondit en souriant : le pauvre bonhomme connaît son faible. De suite, on conduisit le bonhomme en prison. Fleury fut pressuré avant de sortir de prison, où il fut atteint d'une maladie qui le conduisit au tombeau peu après sa sortie. » L'un des Drouin, en déposant dans le procès du Comité, a raconté cette anecdote sur Fleury à peu près de la même façon, avec cette variante qu'il attribue à Bachelier le rôle que Blanchard, avec plus de vraisemblance, attribue à Goullin. (*Journal des Lois*, n° du 26 brumaire an III) . . . . 8.362#

Forget, ancien parlementaire, demeurant quai Bouhier ; on saisit chez lui une grande quantité d'argenterie. (Déclar., de Juguet, commis aux écritures, n° 201).

Foucault ; 400 liv., don au Comité ; (Com. 18 frim.), et 1250 liv. (Com. 4 nivôse). Total. . . . 1 650#

Frère offrit au Comité 5 écus de 6 liv., qu'il ne voulait pas conserver parce qu'ils portaient l'effigie de Capet. . . . . 30#

Fruchard, père et fils ; don au Comité, le 23 pluviôse : (Com.). . . . . 3.600#

Fruchard, fils, le 8 ventôse : (Déclar., n° 59). . . . 1.750#

Galbaud du Fort, dame Victoire ; pillée de toute son argenterie et de trois cents aunes de toile. (Déclar. n° 166).

Gautier père, remit au Comité, pour obtenir les effets de sa femme laissés au Bon-Pasteur, et qu'il ne put obtenir qu'à cette condition : (Com., 2 pluviôse ; Déclar., n° 168). . . . . 650#

A reporter. . . . . 143.043#

Report . . . . 143.643#

Gelet, prêtre constitutionnel de Dijon, venu à Nantes où il fut condamné pour vol ; trouvé chez lui, dont 3150 en argent, (porté en recette au 3 nivôse). . . 20.153#

Gerbier aîné, pour les voitures des incarcérés : (Déclar., n° 70). . . . . 100#

Geslin père ; on lui confisqua deux cent mille livres de tabac. (*Bull. du trib. révol.* VI, 270). D'après une déposition, il aurait donné 30.000 liv. au Comité ; *Bull.* VI, 270). Bachelier, dans des notes d'audiences, reproduisant une affirmation de Goullin, a écrit que cette somme de 30.000 liv. aurait été donnée aux hôpitaux et à la Société populaire. Le président Dobsent affirma, au contraire, que Geslin, pour ne pas être envoyé à Paris, aurait donné 80.000 liv. ; acceptons seulement le chiffre de la déposition. . . . . . . 30.000#

Geslin, René, donna une somme pour les voitures des incarcérés. (Déclar., n° 192). . . . .

Girard, remit, à un nommé Berry, une grande quantité d'argenterie. (Lettre de la Commission militaire, mentionnée au procès-verbal du Comité du 20 pluviôse, f° 117).

Gohin de Montreuil, frères, compris dans la noyade du Bouffay du 24 frimaire ; on avait, auparavant, dépouillé l'un d'eux d'une somme en or, qui fut remise au Comité par Bernard Laquèze, concierge du Bouffay, et qui s'élevait à : 801# (Com. 29 frim., f° 64 ; porté en recette au 29 frimaire). . . . . 801#

Grollaud, ailleurs J. Claud, valet de chambre de Mme Grou, fut volé d'une somme de : (Déclar., n° 85). 623#

Grou dame veuve dut mourir en 1793 ; elle était représentée, à la fin de cette année, par M. et Mme Walsh,

A reporter. . . . . 195.320#

Report . . . . 105.320#

et par un Anglais nommé O'Schiell. Le pillage de sa maison fut célèbre. Un inventaire de son riche mobilier ayant été fait récemment, on put se rendre compte de l'importance des détournements. Tout fut volé, vins, linge, meubles, voitures. Un premier procès-verbal de perquisition, du 18 frimaire, constate la saisie d'une grande quantité d'argenterie, 187 marcs, et de quelques valeurs, qui furent dirigées, les valeurs, sur la Caisse du District, et l'argenterie, vers la Monnaie, à la date du 27 frimaire par les soins de Perrochaud. Au lieu de 3600# en assignats saisis, on ne voit figurer à la recette que 1700# au 5 nivôse, et 84# en argent au 3 nivôse. (V. Emigrés, 4 nivôse an II, f[e] 135. Comité, 27 frimaire et 1er nivôse. Déclar., O'Schiell, n° 128) . . . . 3.600#

De nouvelles recherches, dans l'appartement de la place Scevola, (Petite Hollande) firent découvrir, derrière une cloison élevé le long d'un mur, une cachette contenant des bijoux dont voici la liste : une paire de bracelets garnis de gros diamants, dans l'un portait une miniature de Mme Grou, et l'autre le chiffre : A. W. dessiné en diamants sur une pierre bleue ; un Saint-Esprit en diamants ; trois bagues ; un solitaire en diamants ; un gros rubis et de belles tabatières, dont l'une en lapis lazzuli etc. Le Comité donna l'ordre à Gallon d'apporter ces trésors à son bureau avec la boîte qui les contenait. Les membres du Comité se firent, pendant quelque temps, un plaisir de montrer ces bijoux à leurs amis. La rumeur publique grossit l'importance de ce trésor. Forget, le concierge de Saintes-Claires, en déposant au procès du Comité, ajouta, aux objets énumérés ci-dessus, une certaine boîte d'or, que l'on appelait, dit-il, *la boîte du prétendant* (*Bul. du trib.*

A reporter. . . . . . . 108.920 #

Report . . . . 198.920#

révol., VI, 294). Ces bijoux furent ainsi confiés à Gallon, et une dame les vit chez lui en prairial. (Déclar. Lacanterie, n° 221.) bien que l'ordre eût été donné par le Comité à Bollogniel, le 12 ventôse (Com. f° 130). de les remettre au receveur du District. Ces bijoux ne figurant point dans la liste imprimée des objets remis à la Monnaie, un bijoutier nommé Jutard, signala cet oubli à la Municipalité par une déclaration en date du 26 prairial an II. . . . .

Mme Walsh, détenue à l'hospice de la Réunion, (Sanitat), tandis que son mari l'était à la maison de Lusançay, réclama ses bijoux par une requête du 7 messidor, dans laquelle elle exposait qu'ils avaient été cachés pour les soustraire au pillage des brigands, à une époque antérieure à la loi qui attribuait à la République tous les objets précieux cachés et découverts. Il est fort douteux que Mme Walsh soit rentrée en leur possession ; une lettre du District, du 29 vendémiaire an III, mentionne, à cette date, leur envoi à la Trésorerie générale de Paris (Reg. Correspond. District. an III). . . .

Guertin et Lorette ; don au Comité, pour les détenus de Nantes et pour les frais de l'envoi des détenus à Paris : (Déclar. nos 20 et 50). . . . . 1.500#

Guibert, trouvé chez lui : (porté en recette au 22 ventôse). . . . . 1.110#

Guibourg, dame ; trouvé sur elle, au moment de son emprisonnement : (porté en recette au 29 pluviôse). 1.888#

Guillon. père, demeurant, 5, rue Contrescarpe, remit à Barras, commis du Comité, pour les blessés : (Déclar. n° 98). . . . . 3.000#

Pour la salubrité de la ville, par les mains de

A reporter. . . . . 206.427#

Report	206.427#
Fonbonne, le 9 pluviôse : (même déclar. et déposition de son gendre Lacour, dit Labigne, *Bullet.*, VII, 11).	9 200#
Guillon, fils ; Don au Comité : (Com. 4 pluviôse f° 95).	9.000#
Hallin, rue du Millieu ; saisi chez lui en argent : (porté en recette au 18 ventôse).	130#
Hernault, horloger ; quoique très patriote (il est accusé d'avoir joué un rôle très louche dans le voyage des Cent-trente deux Nantais) (V. *Les Cent trente-deux* par A. Lallié, p. 34 et 100) son magasin et son mobilier furent pillés. (*Bullet.* VI, 287, et 323 ; Declar., n° 30 ;) Goullin, au procès, déclara ignorer absolument ce qu'étaient devenus les bijoux dérobés à Hernault. (*Journ. des Lois* du 7 brumaire an III, p. 3). On a porté en recette, au 5 ventôse, comme provenant de chez lui :	132#
Hervé de la Bauche ; Pinart commissaire du Comité révolutionnaire, vint à sa propriété, située en Sucé, le 18 nivôse, (7 janvier 1794) et l'arrêta, ainsi que sa famille. Pinart s'empara de trente-cinq tonneaux de froment, de trois cents barriques de vin, et d'assignats pour une valeur de : (*Bullet.* VI, 234 et 254.)	4.000#
Hervouet et Garreau, brigands guillotinés ; trouvé sur eux : (Com , 29 frimaire, porté en recette au 7 pluviôse).	303#
Le premier était Hervouet de la Robrie père, le second, ancien notaire et ancien procureur de la Commune de Saint-Colombin ; condamnés par le tribunal de Phelippes le 22 brumaire. (*La Justice révol. à Nantes et dans la Loire-Inférieure*, p. 87)	
Jaquier, Dominique, rue Crébillon 18, a offert en don au Comité dans les premiers jours de germinal, mille livres, et cinq cents pour le chemin de Chaux : (Déclar., n° 6).	1.500#
A reporter.	230.701#

Report. . . . . 230 701#

Jogues, François, né à Orléans, 72 ans, Ile-Feydeau, n° 1 ; fort riche ; propriétaire de la terre de la Sauzinière. Il avait été emprisonné, par ordre du Comité, le 16 frimaire, « pour sa négligence à porter secours à la République selon sa fortune et l'incertitude de son civisme ». Traduit devant la Commission Lenoir, il avait été acquitté, le 29 pluviôse. Le don de cinquante mille livres, qu'il fit au Comité par les mains de sa femme Anne-Thérèse de Tollenare, est attesté en divers endroits. (Com. 21 pluviôse, f° 110. Déclarat. de sa femme, n° 94 — *Bullet*. VI, 246, 299, 300). . . .

Entre les Jogues et les Tollenare il y avait une double alliance, car sa sœur s'appelait de Tollenare-Budan. Mainguet, membre du Comité, a rapporté dans sa déclaration (n° 124) que Philippe-Auguste de Tollenare, demeurant rue du Puits-d'Argent, l'ayant invité à dîner ainsi que Perrochaud, Mme de Tollenare-Budan, la sœur de Jogues, avait, durant le dîner, offert à Perrochaud, pour le Comité, une somme de cinquante mille livres, si son frère recouvrait sa liberté ; il ajouta qu'il ignorait si cette offre avait été réalisée. . . 50.000#

Jouet, de la Chapelle Basse-Mer (provenant de), porté en recette le 28 germinal. . . . . 3.510#

Joyau, née Marchesse, dame, du Pellerin ; trouvé, dans du fumier chez elle 650 (porté en recette au 29 pluviôse et Déclar. n° 224) Jolly, même déclaration, trouva chez une autre personne, au Pellerin, un certain nombre de pièces d'or et d'argent. (Indéterminé.) 650#

Labouchère, négociant, place Graslin, 1 ; don au Comité, le 27 ventôse : (Déclar. n° 64). . . . . . 1.000#

Labourdonnaie (de), veuve du général tué au service de la République ; Boulay, membre de la compagnie

A reporter. . . . . 285 861#

Report . . . . 285.861 #

Marat, a déclaré qu'on avait tout volé chez elle, or, argent, bijoux, assignats, (Déclar. n°s 107 *bis* et 177. *Bull.*, VII, n° 4, 14).

Laënnec, Guillaume-François, docteur en médecine ; don au Comité, le 13 ventôse: (Déclar. n° 81, *Bulletin du trib.*, VI, 222). . . . . 1.000 #

Lamaignère, Jean, aîné, a compté à Barras et à Proust, pour le Comité, le 22 ventôse. . . . . . 10.000 #
et pour le chemin de Chaux : (Com. 22 ventôse, et déclar. n° 110). . . . . 1.000 #

Lamaignère, jeune, quai Tourville ; on lui avait demandé 16.000 # ; il en offrit 10.000, en donna 3.000, et on le fit déclarer, plus tard, que cette somme serait pour le chemin de Chaux (Comité, 22 ventôse, f° 141, et et déclar. n° 82) . . . . 3.000 #

La Métairie, D[lles] de, guillotinées le 29 frimaire, possédaient divers bijoux qui furent remis à Perrochaud ; le même saisit en même temps sur une domestique des Couets, une somme de : (Déclar. de Fleur de Pied, concierge du Bon-Pasteur, n° 86). . . . . 250 #

Langevin, veuve, quai Brancas, 6, don à la patrie le 15 ventôse (Com. f° 132 ; Déclar. n° 230) . . . . 800 #

Laubry, Eugène; on lui demanda, le 9 ventôse, 30.000 # et le lendemain il remit : (Déclar., n° 80 *bis*). 2.000 #

Laurency ; (*Le Bulletin du trib. révol.* 341, porte Lavercey.) Proust, voilier, a déclaré qu'on avait pris à Laurency vingt-sept marcs d'argenterie, dont personne, depuis, n'a entendu parler.

Laville (de) ; on lui avait pris 258 marcs d'argenterie, déposés chez lui, et appartenant à un de ses amis,

A reporter. . . . . 303.911 #

Report . . . . 303.011#

mais comme il avait obtenu un reçu de Bollogniel et de Goullin, cette argenterie se retrouva plus tard. (Déclar. n° 38, et diverses pièces aux archives.)

Lebreton de Gaubert, curé constitutionnel de Saint-Similien ; on lui prit son argenterie, (Déclar. n° 147.) et de plus : (porté en recette au 20 pluviôse). . . . 300#

Lecestre, demeurant rue Mably, 13. Le 7 ventôse, on lui fit savoir qu'il devait verser au Comité une somme de 32000# ; il refusa ; nouvelle demande le 12 ventôse. Dans l'intervalle il avait consulté le représentant, et il répondit que le représentant avait approuvé son refus ; à cette réponse, les personnes, qui lui avaient fait la réclamation se retirèrent fort mécontentes (Déclar. n° 34.) Les représentants présents à ce moment étaient Dubois Crancé, Prieur de la Marne et peut-être Garrau. Ils n'ignoraient point ces exactions, ne pouvaient les approuver, mais ils laissaient le Comité les commettre.

Lejeune, veuve, née Marie-Angélique Mercier ; tout fut pillé chez elle et on lui prit en assignats : (Déclar. n° 548). . . . . 4.700#

Lelièvre ; trouvé chez lui, en or et en argent : (porté en recette au 23 vendémiaire.) . . . . 1.561#

Lelong de Bougon, dame ; trouvé chez elle et porté en recette au 7 nivôse. . . . . 3.907#

Leloup ; Leloup de la Biliais certainement ; on prit chez lui, lors de son arrestation, 1062# en argent : (porté en recette au 8 frimaire), et plus tard, une autre somme de 1016# (portée en recette au 18 germinal.). 2.078#

Lemoine paya à Durassier, de la Compagnie Marat, pour n'être pas emprisonné : (acte d'accusation *Bull.* VI, 222.). . . . . 2.500#

A reporter . . . . 318 057#

Report . . . . 318.957 #

Leray, Pierre Mathurin, rue J.-J. Rousseau ; don au Comité : (Déclar. n° 31 ; Com. 3 germinal). . . . 1.200 #

Leroux; très riche tanneur l'un des 132. On saisit chez sa femme divers lingots d'or et d'argent, dont elle exigea un reçu de Papin et de Gallon. (Déclar. n° 101. Indéterminé).

Leroux des Ridellières arrêté le 23 brumaire; il fut conduit à l'Eperonnière ; ceux qui l'avaient arrêté revinrent faire perquisition chez sa mère, qui leur remit 10.437 #. Bouvier membre de la compagnie Marat, (Déclar. n° 30) a dit que cette somme, qu'il évalue à 12000 # et qui était en assignats, était enveloppée dans une taie d'oreiller. M. Leroux fut, par ordre de Lévêque, membre du Comité, transféré au Sanitat ce qui le sauva de l'envoi à Paris. Mis en liberté le 4 pluviôse, il déclara qu'il abandonnait au Comité la somme saisie. (Déclar., n° 89 et 113).

Durant le procès, l'un des Naux reconnut qu'il avait eu cette somme entre les mains, et qu'il l'avait remise au Comité; Goullin affirma qu'elle avait été portée en compte, ce qui était inexact. (*Bull.* VI. 364). . . . 10.437 #

Lieutaud, J.-B., ancien lieutenant d'amirauté ; prié de passer au Comité, y envoya son fils, le 13 ventôse. Goullin lui dit que le Comité était chargé de lever une somme de trois millions, pour être employée au nettoiement des rues, à la salubrité de l'air, et aux dépenses des refugiés, et que Lieutaud pourrait bien donner cent mille livres qu'il réduisit à soixante. Le 23 ventôse, Lieutaud fils apporta 24.000 # en assignats. Goullin lui dit qu'il ne taxait personne, qu'il provoquait seulement des dons, et refusa de lui donner un

A reporter. . . . . 360.594 #

Report	360.594#
reçu. (Déclar. de Lieutaud, fils, n° 84. V. aussi Déclar. n° 47 et 130. *Bull.* VI, 209 et 313).	
Lincoln, Pierre-Joseph, négociant, rue J. J. Rousseau 2, a déclaré qu'il avait offert de son plein gré en don : (Déclar.).	600#
Loaizel, père, et ses deux filles ; le 8 frimaire, le père fut conduit à l'Eperonnière, et ses deux filles au Bon-Pasteur. L'une d'elles avait dans son portefeuille 5000# qu'on lui saisit avec cent et quelques livres en argent. (Déclar. n° 146).	5.100#
Maillard, de Mortagne, chevalier de Saint-Louis ; on a saisi sur lui : (porté en recette, au 7 nivôse, et Com. 27 nivôse, f° 88).	250#
Mallet, veuve, née Desguiot, commerçante ; on lui prit, en l'incarcérant au Bon-Pasteur, 700# qu'elle avait sur elle, et on lui saisit 70.000# de tabac, que le District fit vendre au prix du maximum. (Emigrés, 12 frimaire, an II, f° 117). Mise en liberté le 2 nivôse, après une détention de cinq semaines, elle fut de nouveau emprisonnée pour avoir protesté avec trop de violence contre la dilapidation de ses marchandises. D'après un rapport du 8 thermidor, du Comité de surveillance, Mme Mallet était innocente des accusations de « calotinocratie et d'accaparement » qui l'avaient fait emprisonner, mais le Comité conclut, néanmoins, à son renvoi devant le Tribunal révolutionnaire de Paris. Transférée à Paris, elle fut, peu après, mise en liberté par ordre du Comité de sûreté générale. (*Bull. du trib. rév.* VI, 277. — *Journ. des lois* du 5 brumaire an III. Déclar., n° 261). Sa sœur, Jeanne Desguiot, avait été également emprisonnée sans motif.	700#
A reporter.	367 244#

Report . . . . 367.244#

Marchand, Nicolas-André, décédé aux Saintes-Claires le 17 frimaire an II, laissant une somme de 2852#, qui fut remise au Comité par Jean Boyé, marchand de blanc. (Décl., n° 13). . . . . 2.852#

Massion, Louis, aîné, quai Bouhier, 8, le 22 pluviôse, offrit 400# ; Chaux fit écrire que cette somme était donnée « pour les frères d'armes, et pour les mesures révolutionnaires : » (Com., f° 110, et Déclar., n° 107). 400#

Maublanc; on lui prit, le 23 brumaire, une somme de 1848#, appartenant à un réfugié : il ne réussit qu'à se faire rendre 948. (Déclar., n°s 75 et 109). . . . . 900#

Mechtler, Paul, rue du Bignon-Lestard, (actuellement Scribe) s'est vu enlever par des commissaires, trente-sept douzaines de peaux de veau corroyées. (Déclar., n° 180).

Menou, veuve de, née de Maurepas, ayant été emprisonnée à l'Eperonnière, on saisit sur elle : (Déclar., n° 265). . . . . 1 050#

Merlaud ; pris sur lui : (porté en recette au 25 pluv). 252#

Pallard, détenu aux Saintes-Claires ; on prit sur lui : (Déclar., n° 270). . . . . 400#

Pâris, veuve, née de Chevigné ; chez elle, toute son argenterie fut saisie ; conduite au Bon-Pasteur, on prit sur elle : . . . . 2.800#

Peigné, Madeleine, maîtresse d'école ; on saisit chez elle 1628#, et on l'emprisonna au Bon-Pasteur. (Com. 17 brumaire, f° 26. Déclar., n° 268). . . . . . 1.628#

Perrotin, divers dons à la patrie. (Com. 26 frimaire, f° 61). . . . . 19.456#

A reporter. . . . . 399.982#

Report	399 082#
Picault, Marguerite Rose, demeurant à la cure de Saint-Similien ; de la Salle, de la Compagnie Marat, lui prit des objets en or, de l'argenterie, et, en assignats : (*Bull.* VI, 353 et 354. Déclar., n° 143 et 147).	300#
Poulain, demoiselles, emprisonnées au Bouffay ; on prit sur elles : (Com. 7 nivôse, f° 71).	200#
Querrion, veuve, d'Orvault ; les commissaires Chatelier et Nicolon lui prirent son argenterie, et, de plus, une somme de : (portée en recette au 4 germinal. Déclar., n° 150)	730#
Richard, rue du Marchix ; De la Salle et Pinatel, de la Compagnie Marat (Déclar., n°s 151 et 177) ont reconnu avoir saisi, chez lui, 5214# en assignats, et 96# en écus	5.310#
Richeux, Louis-Antoine, rue J.-J. Rousseau, a offert au Comité, et on lui a donné reçu :	1.000#
Ricordel, don au Comité (Déclar., n° 121) . .	1.000#
Robard, femme morte au Bon-Pasteur, le 12 brumaire. Fleurdepied a déclaré que son portefeuille, contenant 300#, fut remis à Perrochaud. (Décl., n° 86).	300#
Rodrigues n'obtint son certificat de civisme qu'en acquittant un billet de 5000# souscrit par Chaux, (déposit. de Joseph Leroux, notes d'audience de Bachelier). Cette somme n'entra pas dans la Caisse du Comité.	
Rousseau des Muloteries, négociant ; l'un des Cent trente-deux ; fut pillé de la plupart de ses marchandises. Le bruit courut qu'il avait caché dans sa cave, cent mille livres en numéraire. Le Comité (17 ventôse, f° 135), ordonna des fouilles qui furent dirigées par Grandmaison, et qui ne produisirent aucun résultat.	
A reporter	408.822#

Report . . . . 408.822#

Saint-Pern, do, trouvé chez lui : (porté en recette au 5 nivôse) . . . . 509#

Schweighauser, avait donné 28,000# qui lui furent rendues. Le procès-verbal du Comité du 12 pluviôse mentionne cette restitution sans en indiquer la cause.

Sigoigne, Albert, place Egalité, 9, (Com., 11 nivôse) don au Comité provenant d'intérêts sur le navire le *Tyrannicide* . . . . 2,400#

Simon, André, et **Legoux** ; saisi sur eux : (porté en recette au 2 nivôse). . . . . 450#

Stapleton, propriétaire des Dervallières ; des vols nombreux de meubles et denrées furent commis et tout aurait été enlevé sans l'intervention de Bettinger, maire de Chantenay. On prit aussi en assignats : (Déclar. nos 152 et 187). . . . . 6,000#

Thébaud, mort probablement aux Saintes-Caires : Forget a déclaré (no 97) avoir déposé au Comité, comme provenant de lui, sept louis en or . . . . . . 168#

Thoinnet, frères. Les frères Jean-Baptiste et Jacques-Eutrope Thoinnet marquaient, à cette époque, parmi les plus riches négociants de Nantes. Leur crédit et leurs relations d'affaires leur avaient permis de rendre à la ville de grands services en l'approvisionnant de grains. Une délibération du District, du 3 janvier 1793, (fo 194) ordonne le payement aux Thoinnet d'un à-compte de six cent mille livres sur le million qui leur est dû pour les grains qu'ils ont fait venir. Patriotes modérés, et ne donnant aucun prise à l'accusation de royalisme, ils avaient servi dans la cavalerie de la Garde nationale, et avaient pris part, dans ses rangs, à di-

A reporter. . . . . 418.349#

Report . . . . 418.349 #

verses rencontres avec les insurgés Les scellés avaient été néanmoins apposés sur leurs magasins à la fin de novembre 1793, par ordre du Comité révolutionnaire. Ils eurent peur, et se cachèrent pendant plusieurs semaines. Leur absence ayant été remarquée, ils craignirent d'être inscrits sur la liste des émigrés et d'être, à ce titre, dépouillés de leurs biens. L'envoi à Paris des notables nantais leur avait montré le danger qu'ils couraient s'ils réapparaissaient à Nantes. Ils résolurent d'aller en Vendée rejoindre le corps du général Haxo, où se trouvaient d'autres Nantais, appartenant, comme eux, à la cavalerie de la Garde Nationale. N'ayant trouvé personne disposé à accepter le dépôt dangereux d'une somme de soixante mille livres, en or et en assignats, ils l'emportèrent avec eux dans leurs valises. A leur passage sur les Ponts, le 2 pluviôse, (21 janvier 1794) ils furent reconnus, arrêtés, et conduits devant le Comité révolutionnaire qui les envoya au Bouffay (proc. verb. f° 93). L'un deux fut transféré au Sanitat peu après. Jean Baptiste mourut le 21 pluviôse, Jacques Eutrope, le 29 du même mois. On mit, on leva, on remit sept ou huit fois les scellés sur leurs magasins, leurs meubles et leurs coffres-forts. La citoyenne Carré femme de confiance chez eux, et qui avait été constituée gardienne des scellés, a raconté qu'un jour les citoyens Gallon et Labigne, s'écrièrent, en mettant la main sur un portefeuille : « Bon ! Voilà ce que nous cherchions ! »

Le Comité porta en compte au 13 ventôse, comme ayant été trouvée dans les valises, une somme de 3,345 # or, argents et assignats démonétisés, mais Goullin fut forcé, au procès, de convenir que, seulement en louis d'or, il s'y trouvait plus de 3,000 # :

A reporter. . . . . 418.349 #

Report . . . . 418.349#

(132 louis) et des assignats. (*Journ. des Lois* du 5 an III. p. 2. Déclar. de Vilmain, n° 71 de Trotreau, n° 11). Plusieurs dépositions, concernant les vols dont les Thoinnet furent victimes, se trouvent au *Bull. du trib. révol* VI, 275, 307, 308 : VII, 13. (V. aussi Déclar. de Marie Carré, n° 32, délibérat. du Conseil des représentants, n° 117, f° 30 et 34 et Émigrés, 21 brumaire an III). La principale déposition est celle de Vilmain, leur proche parent. Les frères Thoinnet laissaient douze enfants mineurs, et Vilmain avait été nommé leur tuteur. Dans une requête, signée de ce dernier, en date du 25 prairial an II, lendemain de l'arrestation des membres du Comité, qui contient les renseignements donnés ci-dessus, il est dit qu'à Nantes, on leur a volé tout ce qui pouvait s'emporter ; on en fit autant à leur propriété de la Turmelière, en Liré, où on leur vola 227 barriques de vin d'Anjou, qui furent amenées à Nantes ; leurs récoltes de blé, leurs vaisselles, leurs chaudières de cuivre etc Vilmain évalue à 120.000 liv. les valeurs monétaires et assignats saisis par le Comité révolutionnaire.

Goullin, interpellé à ce sujet, a prétendu que c'était la Caisse du District, c'est-à-dire la Nation. qui avait profité de la vente des objets mobiliers des Thoinnet, et que l'enlèvement de leurs valeurs monétaires avait été une confiscation qu'il appartenait au Comité révolutionnaire de faire ; qu'au surplus, il offrait d'en tenir compte. Le mot était joli de la part d'un homme qui, dans les mêmes jours, s'était vanté de ne pas posséder un seul assignat de cinquante sous dans toute la République.

Sur la dénonciation du Comité de surveillance de la Société Vincent-la-Montagne, un nommé Pimot, ajus-

A reporter. . . . . 418 349#

Report . . . . 418.319#

teur, fut emprisonné aux Saintes-Claires, sous la prévention d'avoir favorisé l'évasion des Thoinnet en leur procurant des chevaux.

Un de leurs parents, Nicolas Thoinnet de la Boulaye, fut condamné à mort par le tribunal de Phelippes, le 21 nivôse, en même temps qu'un jeune Sagory, neveu de sa femme. . . . . 120.000#

Thomas et Gigault, dames, conduites au Bon-Pasteur ; on les dépouilla de leurs portefeuilles qui contenaient : (Déclar. n° 261). . . . . 5.000#

Thouzelin de la Valtière, provenant de (porté en recette au 21 pluviôse, 311#) d'après la déclaration n° 66, on lui aurait pris : . . . . 480#

Tollenare, Philippe Auguste de, rue du Puits d'argent, don au Comité : (Com. 16 pluviôse, f° 106, Déclar. (n° 76) . . . . 4.000#

Tollenare-Budan, dame de, sœur de Jogues, qui avait promis 40,000# si son frère recevait sa liberté, donna dix mille livres ; (Déclar. n° 242. — *Bulletin*, VI, 221, notes de Bachelier). . . . . 10.000#

Valton, Nicolas ; on lui a soustrait pour 5000# de valeurs au porteur, et, en plus, des assignats s'élevant à 1525# (*Bullet* VI, 312. Déclar. n° 226, 114# poren recettes). . . . . 6.525#

Vallée, négociant, don au Comité, le 12 ventôse : 6.000#
chemin de Chaux, mille liv. (*Bull.* VI, 312. *Journ. des lois* du 13 frimaire an III. Déclar., n° 9). . . . 1.000#

Vay, (Mme de) femme de l'un des Cent trente-deux, fut volée par Bouvier, de la Compagnie Marat, d'une quantité d'objets de toutes sortes et de 32 marcs d'argenterie. (Com., 18 nivôse f° 81. Déclar., n° 21). .

A reporter. . . . . 571.354#

Report	571.354#
Vigeant. Un procès-verbal de Grandmaison, du 7 pluviôse, porte qu'il est allé au Chalonge, commune de Héric, lieu signalé comme un repaire d'aristocrates, qu'il n'a rencontré qu'une domestique, et qu'il a saisi une somme de :	564#
Wilfelsheim et **Authus**, négociants, ont remis en don au Comité, 12.000#, le 18 ventôse, et, un peu plus tard, pour le chemin de Chaux, 3.000# : (Déclar., n° 95)	15.000#
Vinsonneau-Codry, femme, demeurant rue Delisle, signala, chez une dame Bodreau, l'existence de l'argenterie de la Collégiale de Notre-Dame, le 30 vendémiaire. Cette argenterie fut saisie, et une prime fut promise à la dénonciatrice. On évalua la valeur de cette découverte à une somme considérable. Mais Chaux déclara à la Société populaire que le tout valait à peine vingt mille livres. (Déclar., n°s 48 et 95. *Bull.*, VI, 296). Ce qui est bien certain c'est que cette argenterie ne fut pas remise à la Monnaie (V. aussi *Le Sans-Culotte Goullin*, p. 84)	
Total.	586.918#

VI

Phelippes-Tronjolly, comme président du tribunal révolutionnaire, avait été d'une grande faiblesse à l'égard de Carrier, et l'ardeur qu'il déploya dans ses attaques contre la tyrannie du Comité révolutionnaire montra, une fois de plus, que rien ne vaut un danger personnel et prochain pour aiguillonner les lâches et les rendre braves.

L'inimitié qui existait entre lui et le Comité avait une cause honorable et remontait à l'époque de la noyade du Bouffay. Informé du projet de cette noyade, Phelippes avait, dans l'intention de l'empêcher, passé une partie de la nuit du 16 au 17 frimaire au greffe de la prison du Bouffay. Sa présence en ce lieu avait intimidé les noyeurs, cette nuit-là, mais elle n'avait eu pour effet que de retarder l'exécution de quelques jours. Depuis lors, Phelippes avait rendu plusieurs ordonnances relatives à l'extraction des détenus des prisons, ordonnances qui contenaient les allusions les plus transparentes à l'abominable mesure dont Goullin avait été l'exécuteur. De là, violente rancune de Goullin contre Phelippes.

A la veille de son départ de Nantes, Carrier avait destitué ce dernier de ses fonctions de président du tribunal révolutionnaire, et Phelippes avait attribué, non sans raison, cette disgrâce à l'influence de Goullin. Cet incident avait encore accru leur haine réciproque. Simple juge, avec un passé qui n'était pas très net au point de vue des menées fédéralistes, l'ancien président sentait que l'animosité du Comité contre lui n'était pas une chose négligeable, et il s'ingéniait pour se mettre à couvert du danger des dénonciations. Bien qu'il se sentît médiocrement considéré à la Société Vincent-la-Montagne, qui disposait de la faveur populaire, il avait eu l'heureuse idée de profiter de l'absence de Chaux et de Goullin pour s'y présenter hardiment. Il avait demandé la parole, et, à la suite d'un discours habile, il avait obtenu de cette Société une déclaration de confiance dans son civisme (4 germinal, an II, 24 mars 1794). C'est sans doute le discours qu'il avait prononcé qu'il fit imprimer sous ce titre : *Mémoire du sans-culotte Phelippes, précédemment connu sous le nom de Tronjolly*, daté de Nantes le 13 germinal an II. (2 avril 1794)[1].

En termes voilés, qui durent néanmoins à ce moment paraître audacieux aux Nantais qui le lurent, Phelippes, après avoir pris la précaution de déclarer que le Comité avait agi à l'insu des représentants, disait, dans ce mémoire : « Pour bien juger de la nécessité de mon ordonnance du 7 nivôse, relative aux extractions de prisonniers, il faut savoir la conduite que tinrent, de nuit, à la

[1] Petit in-8° de 12 p., sans nom d'imprimeur. Péhant, dans son Catalogue, n° 50,575 dit que le seul exemplaire connu fait partie de la bibliothèque de M. Ellennez. Il fait maintenant partie de la mienne.

maison de justice du Bouffay, deux citoyens, (Goullin et Grandmaison) qui, avec une escorte nombreuse, s'y permirent, envers un grand nombre de prisonniers, tant jugés que non jugés, ou détenus comme suspects, des propos révoltants, et des actes arbitraires, dont il épargnera les détails. Ces prisonniers ne vivent plus ; il passera le reste sous silence..... »

La semaine suivante, l'empêchement du juge, qui venait d'être nommé accusateur public, appelait Phelippes à cette fonction par l'effet des règlements sur le roulement du personnel du tribunal. C'était une chance inespérée ; aucun poste n'était plus favorable que celui-là pour lui permettre d'entreprendre et de mener campagne contre le Comité.

Le 24 germinal, 13 avril, il écrivait au Comité pour le sommer d'avoir à lui représenter les personnes de deux prisonniers qu'il savait avoir été compris dans la noyade du Bauffay du 24 frimaire. Peu après, il lui faisait parvenir son petit *Mémoire*, dont l'envoi et la réception sont constatés au procès-verbal du Comité du 1er floréal, 20 avril Les collègues de Chaux et de Goullin, livrés à eux-mêmes, trouvaient sans doute que leurs chefs tardaient bien à revenir, et ce fut probablement quelque lettre pressante de Bachelier qui les décida enfin à quitter Paris.

Sans attendre leur retour, effrayés de l'attitude de Phelippes, Bachelier, Mainguet, Perrochaud et autres provoquèrent à la Société Vincent-la-Montagne l'envoi aux représentants d'une dénonciation contre l'accusateur public. Le texte en a été perdu, mais la mention de l'envoi de cette dénonciation existe au procès-verbal du Comité. Il ne semble pas que les représentants en aient tenu le moindre compte.

Le procès-verbal du 8 floréal, 27 avril, constate la réception d'une nouvelle lettre de Phelippes « faisant soi-disant les fonctions du ministère public ». De cette façon de désigner ses fonctions, il est permis d'inférer que sa lettre n'était pas agréable aux membres du Comité.

La rentrée au Comité de Chaux et de Goullin ne l'intimida pas ; le 23 floréal, 12 mai, il inscrivait au registre du Tribunal criminel par jurés, (fo 46) le requisitoire suivant : « Considérant qu'il est de notoriété publique que, depuis les sept mois derniers, des particuliers se sont permis d'exercer des concussions, en taxant arbitrairement, et même en percevant comme taxes non exigées comme impositions, sans autres prétextes ou autrement, des sommes, effets, bijoux et argenteries, même souvent sans en donner de quittances ; que les sommes et produits d'effets n'ont même pas, jusqu'ici, été versés dans la caisse publique ; qu'il n'a été imprimé ni affiches de listes ou tableaux contenant les noms des imposés, de ceux qui ont payé les effets reçus ; qu'on a fourni une compagnie d'hommes dont les membres ont perçu ou spolié des sommes d'argent, fait des emprisonnements arbitraires, et ont, sans ordres, violé l'asile des citoyens ... qu'on a enlevé de leurs domiciles, de la maison de justice et d'ailleurs, malgré les représentations des concierges, des particuliers tant détenus que non détenus, tant jugés que non jugés, des condamnés à la déportation, et d'autres qui devaient garder prison jusqu'à la paix ; que ces détenus, à différentes époques, et notamment le 24 frimaire au soir, furent garottés, conduits à l'eau avec menaces et noyés d'une manière cruelle ; qu'en agissant ainsi on s'est rendu coupable d'assassinat, et qu'on a enlevé à la République les biens des particuliers, mandons et ordonnons à tous huissiers, aux gendarmes nationaux, d'assigner les témoins, dont les noms seront compris dans une liste annexée à une expédition de la présente, même tous autres témoins dont nous pourrons donner les noms par la suite, à comparaître, en personnes, devant nous, le 28 floréal et jours suivants, à huit heures du matin pour faire leurs déclarations sur les faits ci-dessus. Signé : PHELIPPES. »

Prieur de la Marne, auquel ce réquisitoire avait été communiqué, obligé de partir précipitamment pour Brest, enjoignit à Philippes, par une lettre du 24 floréal, (13 mai) de surseoir à toutes poursuites, jusqu'à l'arrivée d'un de ses collègues de mission, qui statuerait en connaissance de cause.

Le collègue, qui arriva deux jours après, était Garnier de Saintes. Dans la crainte qu'il ne fut, à son arrivée, circonvenu par les membres du comité, Phelippes s'empressa de lui adresser la lettre suivante : « En arrivant à Nantes, crains de te laisser influencer par ceux qui, se qualifiant républicains, ne se conforment à aucune loi. Des hommes faibles et sans caractère chercheront à te prémunir contre les amis de la justice, de l'humanité et des lois, et contre moi en particulier. Je te prie de prendre connaissance des pièces ci-jointes[1] »

En même temps qu'il essayait inutilement de mettre le représentant dans son jeu, Garnier n'ayant fait que passer, il écrivait aux directeurs des domaines et de l'enregistrement pour leur signaler les ventes d'objets précieux faites par le Comité, et leur demander si, conformément aux lois des 14 et 16 frimaire et du 15 nivôse[2], le produit de ces ventes et celui des taxes, avaient été versés dans la caisse de l'un et de l'autre. Il avait aussi, par différentes démarches, secoué la torpeur de l'administration du District, chargé, par les lois citées tout à l'heure, d'opérer la rentrée dans les caisses publiques des valeurs saisies, et il l'avait mise en demeure d'exécuter les lois en exigeant des comptes du Comité. Le District, qui s'était contenté de porter ces lois tardivement à la connaissance du Comité en lui en transmettant le texte, se décida à lui écrire, le 25 floréal, 14 mai : « Le Décret du 16 frimaire relatif aux taxes faites par des Comités révolutionnaires ou des autorités incompétentes, vous a été adressé le 2 ventôse. Vous avez vu, par cette loi[3], que nous devons poursuivre, sous notre responsabilité, le versement des fonds dans le trésor national. Cependant, depuis que vous avez reçu cette loi, vous êtes restés dans le silence. Nous désirons que vous vous expliquiez à nous à cet égard, et que vous nous fassiez part des mesures que vous avez dû prendre pour vous mettre en règle sur un objet aussi important. Vous n'ignorez pas vos obligations et les

[1] Correspond. des représentants en mission. (*Archiv. départ.*)

[2] Lois des 14 et 16 frimaire ; Duvergier, *Coll. de lois*, VI, 395, et 402 : loi du 15 nivôse an II : *Réimpression du Moniteur*. XIX, 137.

[3] Dans l'espèce, c'est la loi du 15 nivôse que le District aurait dû invoquer. La Convention, après avoir, par l'art. 20 de la section III. de la loi du 14 frimaire interdit toutes levées de taxes autrement que par décret, n'avait pas dédaigné d'attribuer, par les lois du 16 frimaire et 15 nivôse, au trésor public, les taxes illégales ou levées par des autorités incompétentes. et avait chargé les Districts d'opérer leur rentrée dans les caisses.

nôtres, et que les négligences et les retards sont des crimes devant la loi[1]. »

Sept des membres du Comité répondirent aussitôt : « Le Comité révolutionnaire au District. Nantes, le 26 floréal an II, (15 mai 1794) — Républicains — A la réception de votre lettre nous avons délibéré et jugé que nous n'étions pas dans le cas de la loi qui ordonne le versement des fonds provenant de taxes ou impositions. En effet, nous ne levâmes jamais ni emprunts, ni taxes, ni contributions forcées. Cependant, incertains, et crainte de nous compromettre, nous avons écrit à Paris, et attendons une décision à cet égard. Néanmoins nous apurons nos comptes, et, incessamment, l'état vous en sera représenté. Nous vous prévenons, en outre, que nous diviserons notre compte en deux parties, celle qui réellement appartient à la République, et doit être versée dans ses coffres, telles que sommes saisies, ou trouvées enfouies chez divers ; l'autre, résultat de dons applicables aux besoins de la commune, et qui ne sont point soumis au même versement. Au surplus, sans délai, vous fournirons ce compte, et vous jugerez de ce que la loi nous prescrit, ayant autant à cœur que vous son exécution. Salut et attachement. Signé : Grandmaison ; Goullin ; Levêque, Chevalier, Gaullier père ; Bollogniel ; C. F. Petit. »

Ce n'était plus seulement par le « soi-disant accusateur public » que le Comité se trouvait pris à partie ; c'était une administration toute entière qui l'incriminait pour le retard apporté à la reddition de ses comptes.

Les manœuvres de Phelippes réussissaient. Jusqu'alors l'autorité du Comité avait, en fait, dominé toutes les autres. Obligé de venir à composition sur un seul point, il perdait son prestige.

[1] District, lettres, registre 1793 an II, f° 77. Le procès-verbal du Comité du 21 floréal mentionne une lettre antérieure du District, avec cette note « y attaché celle du nommé Phelippes qui demande un compte ».

VII

Dans les premiers jours de prairial, Bourbotte arrivait à Nantes; il déposa ses pouvoirs au Département le 6 prairial (25 mai). Bourbotte avait, sur divers points de la Vendée, présidé avec une cruauté froide à l'exécution de milliers de prisonniers.

A Noirmoutier il avait agi, comme Carrier à Nantes. Mais ce qui prouve bien que les représentants en mission étaient, pour le Comité de salut public, de simples agents, qui exécutaient des mesures prescrites[1], et non des portions de souverains, libres de leurs déterminations, c'est que le même Bourbotte, qui venait de Paris, où il avait appris que le mot d'ordre était d'atténuer la terreur en province, pour en concentrer tout l'effort à Paris, déclara à son arrivée à Nantes que la clémence serait sa devise, et il le prouva en ordonnant peu après de nombreux élargissements d'habitants enfermés comme suspects.

L'arrivée à Nantes d'un représentant disposé à favoriser les modérés, au moment où l'opinion, excitée par Phelippes, commençait à se soulever contre les excès des membres du Comité, était pour eux une coïncidence fâcheuse. Inquiets, et ce n'est pas assez dire, effrayés, ils décidèrent qu'il était urgent d'imposer silence à leur ennemi le plus pressant en le faisant emprisonner. Pour y réussir sans délai, il fallait qu'une dénonciation grave, signée d'un nom autorisé, mît le représentant en demeure de faire emprisonner Phelippes. Ils se rappelaient que le coup de la dénonciation obtenue de la Société Vincent-la-Montagne avait raté, faute d'avoir été habilement préparé, à une époque où Chaux et Goullin étaient absents du Comité. Un homme leur sembla avoir toutes les qualités requises pour signer utilement cette dénonciation, c'était le médecin Thomas, patriote estimé, qui sollicitait à ce moment du Comité quelques mesures d'humanité en faveur de détenus auxquels il s'intéressait. A la requête de Thomas, Chaux répondit que l'action

[1] V. sur ce point : *Le représentant Vallier*, par M. Tournier, p. 225.

du Comité était paralysée par les attaques de Phelippes, et que, malgré les ressources de son encaisse, il ne pouvait rien faire, mais qu'il serait facile de lui accorder tout ce qu'il voudrait, s'il consentait seulement à signer une bonne dénonciation contre Phelippes. Thomas, reprit alors, en plaisantant, qu'il était dommage qu'il n'eut pas connu, il y a quelques mois, leur vif désir de se défaire de Phelippes, lorsqu'il l'avait guéri d'une maladie qui mettait ses jours en danger ; qu'il n'aurait alors eu qu'à le laisser mourir naturellement, mais que, pour le moment, il ne pouvait rien contre leur adversaire, ayant pour principe de ne dénoncer personne sans avoir de graves raisons pour le faire, et des preuves de culpabilité[1].

La dénonciation, contenant quinze chefs différents, était toute prête, et elle existe encore ; on y reconnaît l'écriture de Bachelier, avec des retouches de Chaux et de Goullin ; c'est ce dernier qui a chiffré les alinéas de un à quinze. En voici le texte :

ÉGALITÉ, INDIVISIBILITÉ, LIBERTÉ, JUSTICE, PROBITÉ, INFLEXIBILITÉ

Le Comité révolutionnaire, las de se voir poursuivi avec un acharnement sans exemple, par le nommé Phelippes dit Tronjolly, par un homme qu'il ne dédaigna jusqu'à présent que parce que, toujours indulgent, il le traita comme fou ; après avoir épuisé successivement toutes les voies de douceur et de mépris, se résout enfin à répondre aux inculpations calomnieuses de cet astucieux plumiste. En conséquence, après avoir recueilli sur sa moralité, sur ses principes, et sur ses démarches, les renseignements les plus positifs, il a rédigé contre lui l'acte d'accusation ci-après :

1. — Le Comité révolutionnaire de Nantes accuse Phelippes dit Tronjolly, ci-devant procureur du Tyran au présidial de Rennes, puis ci-devant commissaire du Tyran au district de Paimbœuf, enfin membre d'un Département fédéraliste, d'avoir été, de tout temps, simple individu comme magistrat, un cabaleur, un intrigant, un

1 Déclar. de Thomas, n° 92 (*Arch. municip.*).

remueur éternel qui sacrifia tout à la vaine gloriole de faire parler de lui et de se rendre important.

2. — Le Comité l'accuse de se targ[illegible]nement, pour se faire croire l'ennemi du despotisme, d'avoir vexé le ci-devant Parlement de Bretagne, d'avoir porté quelques coups à cette hydre sénatoriale, tandis qu'homme de gouvernement, dévoué entièrement au ministère, procureur du roi en un mot, il ne fut le persécuteur ardent des parlementaires que pour mieux faire sa cour au Tyran qui le salariait.

3. — Le Comité l'accuse de n'avoir, sans doute par amour pour la monarchie, recherché, sous l'un et l'autre régime, que des places à la solde du monarque. Le Comité l'accuse d'avoir donné lieu de présumer, par son vif attachement à la charte gothiquement royale de l'Assemblée Constituante, que jamais il n'accueillerait de cœur le gouvernement républicain démocratique.

4. — Le Comité l'accuse, en conséquence de ses principes, d'avoir, aux premières étincelles du fédéralisme, au premier mouvement qui sembla promettre le retour du régime monarchique, saisi avec empressement les moyens subversifs qui pouvaient y ramener.

5. — Le Comité l'accuse d'avoir été, dans l'administration départementale dont il était membre, un des boutefeux, une des trompettes du système liberticide qui tendait à rompre l'unité de la République[1].

6. — Le Comité l'accuse de s'être fait nommer député auprès de la commission centrale de Rennes, puis, de retour à Nantes, d'avoir provoqué une nouvelle députation à Caen, que, cependant, il n'obtint pas.

7. — Le Comité l'accuse d'avoir, au refus d'un de ses collègues, chaudement et publiquement sollicité l'influente mission de signifier aux représentants du peuple, l'arrêté qui les rejetait de nos murs.

8. — Le Comité l'accuse d'avoir été membre, avec les Poton, Letourneux, Beaufranchet et Peccot, d'une commission qui, établie

[1] *Le Fédéralisme dans la Loire-Inférieure. Revue de la Révolution*, 1889 mai-août.

pour remédier au soulèvement manifesté dans les environs de Guérande, et dénoncé au Département le 5 mars, par Lepeley, resta constamment inactive, et ne répondit pas, même à Labourdonnaie qui ne réclamait, pour calmer ce germe d'insurrection, que 200 hommes au plus[1].

9. — Le Comité l'accuse d'avoir applaudi, à toute outrance, à propos du guillotiné Beysser, qui menaçait, en séance publique du Département, d'expulser de sa propre main tout montagnard à 20 lieues du territoire français.

10. — Le Comité l'accuse d'avoir dit, en visitant l'un de ses collègues, détenu chez lui comme signataire de l'arrêté du 5 juillet : « Il est bien étonnant que toi, qui t'es opposé de toutes tes forces à cet arrêté, tu sois en arrestation, tandis que moi, qui l'approuvai, je sois libre, et président du Tribunal révolutionnaire.

11. — Le Comité l'accuse d'avoir traité de journée de deuil, de massacre exécrable, les mesures révolutionnaires exercées contre des brigands ou des scélérats reconnus, des mesures nécessitées par les circonstances, arrêtées par les Administrations réunies, sollicitées par la clameur publique, commandées enfin par la première des lois, le Salut du peuple, et autorisées par des représentants.

12. — Le Comité l'accuse d'avoir improuvé les journées salutaires des 1er et 2 septembre en traitant de *septembrisation* ces scènes qu'il réprouvait, et pour lesquelles il poursuit les exécuteurs.

13. — Le Comité l'accuse, lors d'une translation de prisonniers[2], que dictaient les menaces d'une contagion prochaine, la pénurie des subsistances, et une insurrection éclatée dans les prisons, d'avoir fait afficher avec profusion une ordonnance perfide tendant à soulever le peuple contre cette démarche soi-disant illégale, en lui peignant ses auteurs comme des hommes de sang, comme des ennemis des lois.

[1] Lepeley, en effet, revenant de Guérande, le 5 mars 1793, fit part au Conseil du Département de l'état de fermentation des habitants de la côte, dans la région de Guérande. A la fin de la séance, Phelippes fut élu, ainsi que Potou et Peccot fils, membre du Comité de surveillance, mais rien n'établit qu'il ait plus que les autres laissé se développer ce « germe d'insurrection ». V. *Cons. du Département*, f° 28 (*Arch. départ.*).

[2] La noyade du Bouffay du 24 frimaire.

14. — Le Comité l'accuse d'avoir malicieusement épié tous les défauts de forme qui auraient pu échapper à l'inexpérience du Comité ; d'avoir soigneusement fouillé, dans tous ses petits torts, pour les convertir en crimes et de ne s'être porté à une si constante persécution que pour se venger d'un refus de certificat de civisme.

15. — Le Comité l'accuse d'être platement convenu devant un de ses membres que, s'il eut obtenu son certificat de civisme, il n'eut jamais élevé la voix contre les actes du Comité, et même que s'il l'obtenait encore, il saurait bientôt tout assoupir. »

Le factum était venimeux; peut-être l'eût-il été encore davantage si les sentiments de rancune et de vengeance qui l'avaient inspiré avaient été un peu mieux dissimulés. Arrivés à reconnaître que leurs signatures avaient perdu toute autorité, ils se risquèrent à l'envoyer sous la forme anonyme. Ce fut Chevalier, l'un des plus illettrés du Comité qui fut chargé, à la séance du 9 prairial, (28 mai), de le faire tenir au représentant. Dès le lendemain, Bourbotte en accusait réception par une lettre mentionnée en ces termes, au dernier procès-verbal du Comité : « Lettre du représentant Bourbotte concernant l'acte d'accusation contre Phelippes-Tronjolly, par laquelle il dit que c'est sans doute par erreur que les membres du Comité n'ont point signé cet acte, et qu'il pense que le Comité n'aurait pas voulu dire ce qu'il n'aurait pas voulu signer. »

Quand Bourbotte déposa au procès du Comité comme témoin, Chaux osa l'accuser de l'avoir forcé, lui et ses collègues, de signer un acte d'accusation contre Phelippes. Bourbotte répondit : Le Comité m'avait envoyé un premier acte d'accusation composé de quinze articles contre Tronjolly; quelques jours après, il m'en envoya un autre plus étendu puisqu'il contenait cent trente-deux chefs, tous des plus graves. Ces dénonciations, comme les premières, n'étaient revêtues d'aucune signature. J'en fis l'observation au Comité, je lui écrivis même à ce sujet. On ne me répondait pas ; je fis des instances, enfin deux membres vinrent me faire une réponse verbale. Je leur fis sentir qu'en pareille matière, il fallait des écrits signés. Bourbotte ajouta, ce qui n'était pas très vrai, puisque la dénonciation du Comité avait eu pour résultat de renvoyer Phelippes, comme nous le verrons tout à l'heure, devant le tribunal révolutionnaire, qu'il n'avait jamais cru que la dénonciation du Comité reposât sur des bases sérieuses, et qu'il était persuadé qu'elle avait été dictée par des motifs personnels d'animosité[1].

Le dernier procès-verbal du Comité du 10 prairial ne contient que la mention de la réception de la lettre de Bourbotte relative au défaut de signature de la dénonciation. Ses membres cessèrent de se réunir, sans mentionner les causes de leur désertion, reconnaissant ainsi leur complète déchéance. Phelippes les voyait déjà, par son fait, assis sur la sellette.

La cause de leur désertion fut certainement la demande, adressée par le représentant, le 9 prairial à la Société populaire, de désigner treize citoyens, qui formeraient une commission, dite Conseil des représentants, dont le rôle serait de les éclairer sur les hommes et sur les choses de la ville de Nantes. Les citoyens désignés furent : Anne-Jacques-Joseph Lenoir, ancien président d'une Commission militaire instituée par Carrier ; André Lecoq, ancien collègue de Phelippes au tribunal révolutionnaire ; Louis Guéné ; Jean Soulignac ; Jean Carrail ; Philippe Vic ; Joseph Hérié ; Joseph Subtil ; Etienne Dortel ; François Clisson ; Lambert Davert et Claude Castries. Lecoq fut, peu après, remplacé par un nommé Colas. Un arrêté du 27 prairial alloua à chacun des membres du Conseil des représentants une indemnité de six livres par jour. De nombreuses mutations, dans les fonctions administratives et judiciaires, ordonnées par les représentants, se firent d'après les indications des membres de ce conseil[2].

VIII

Cependant le Comité avait fait la revue de ses finances. Il avait établi deux comptes, le premier comprenant le détail des matières d'or et d'argent non monnayées, dont le total était de 990 marcs d'argent, et 3 marcs d'or, (environ 50.000 liv.) ; et le second, comprenant les valeurs saisies sur les condamnés et émigrés, ou pré-

[1] *Bull. du Trib. révolut.*, n° 100, p. 2 et VII, n° 1, p. 2.

[2] *Arch. départ.*, série L, registre n° 150.

tendus tels, valeurs trouvées enfouies ou saisies sous divers prétextes, s'élevant à la somme de 73.838 liv. dont 16,974 en numéraire, et le reste en assignats. Il n'y était pas question des sommes beaucoup plus considérables extorquées des particuliers à titre de dons.

Le 12 prairial (30 mai), Phelippes lançait un nouveau réquisitoire, où il disait : « considérant que... les mêmes particuliers ont, à l'insu des représentants, fait conduire dans leurs demeures, des vins, bois à brûler, et autres objets, provenant des maisons d'émigrés, et des gens suspects, sans avoir acheté lesdits objets, et sans en avoir tenu compte à la Nation ; ..... ordonne qu'il sera informé du divertissement et de la soustraction etc., mais que, par respect pour les ordres des représentants, il sera sursis à ladite information. (Registre des jugements par jurés, f° 52).

Le Comité n'ayant pu, le lendemain, faute d'écritures et de notes, établir le compte des soi-disant dons, faisait afficher un placard ainsi conçu : « Le Comité révolutionnaire invite ceux qui ont fait des dons ou autres dépôts à ce Comité à venir, dans trois jours, se faire inscrire sur un registre destiné à recevoir leurs déclarations ; signé : Petit, aîné, président, Bollogniel, M. Grandmaison, secrétaires. »

L'apposition de cette affiche était un vrai triomphe pour Phelippes. Il se hâta d'en dresser procès-verbal. Apprenant qu'au Comité on exigeait, de ceux qui venaient déclarer le chiffre de leurs dons, qu'ils joignissent à leur déclaration l'assurance que ces dons avaient été spontanés, il protesta contre cette contrainte, et rédigea un nouveau réquisitoire ainsi conçu : « Le Comité fait dire que les sommes ont été données pour l'embellissement, l'entretien, ou l'arrosement, ce qui annonce qu'il est au moins en retard pour le versement. D'ailleurs, l'embellissement et l'arrosement des rues ne peuvent regarder que la Municipalité ; les boues et fumiers, dont le Comité a dû faire vente, sans qu'il en eût le droit, ont dû produire plus qu'il n'a été payé pour l'arrosement des rues et des places. (Registre du Trib. crimin. par jurés, f° 58.)

Le 17 prairial, 5 juin, le District était enfin en possession du reçu du directeur de la Monnaie pour les matières d'or et d'argent, et de celui du Receveur du District, pour les 73.838 liv. saisies sur les émigrés et les condamnés.

Bô, qui venait d'arriver à Nantes, se joignit à Bourbotte pour réclamer le plus promptement possible l'apport de comptes complets et exacts.

Dans une lettre du 19 prairial, 7 juin, Phelippes insista auprès des représentants pour qu'ils levassent toutes entraves à l'exécution de la loi. « Mes jours sont menacés, leur disait il ; je crains les intrigues ; j'ai été très maltraité par les représentants qui vous ont précédés ; l'un de mes ennemis déclarés, (qu'il ne désigne pas autrement), fait partie de votre conseil. »

Le Comité continuant de faire la sourde oreille, les représentants lui écrivaient le 23 prairial, 11 juin : « Nous vous répétons, Citoyens, qu'il est nécessaire que vous nous donniez, sur les comptes que vous nous avez rendus, l'assurance que ces comptes sont exacts, et que vous n'en avez pas d'autres à nous fournir. Nous attendons votre réponse à la lettre que nous vous avons écrite hier, et nous ne ferons pas partir nos paquets pour le Comité de Salut public, que vous ne l'ayez envoyée. Signé : Bô et Bourbotte. » Cette dernière phrase montre que le Comité de Salut public n'ignorait rien des poursuites dirigées contre le Comité révolutionnaire de Nantes.

A bout de patience, le 24 prairial, 12 juin, Bô et Bourbotte requéraient l'Agent national du District de Nantes, de mettre, sur le champ, en état d'arrestation, séparément et au secret, les citoyens Goullin, Chaux, Bachelier, Levêque, Gaullier père, Perrochaud, Petit, Mainguet, Chevalier, Grandmaison et Bollogniel ; d'apposer les scellés chez eux, dans tous les locaux occupés par le Comité, et sur tous meubles contenant des papiers.

Un second arrêté, du même jour, mettait aussi en état d'arrestation : Yves Berthault, demeurant rue Contrescarpe ; Pierre Gallon, demeurant sur le Cours ; Naux, demeurant quai des Gardes-Françaises ; Proust, aîné ; Guillet, cloutier, avec interdiction absolue de communiquer avec les membres du Comité.

Ces deux arrêtés ne disaient rien de la juridiction qui aurait à connaître de l'affaire.

Plus grave était un troisième arrêté, concernant Phelippes. Il le renvoyait devant le Tribunal révolutionnaire de Paris, où il aurait à répondre de diverses accusations, dont la principale était le fait d'un fédéralisme ancien et persistant, crime autrement grave, aux yeux des jurés de Paris, que les peccadilles reprochées aux membres du Comité. Ceux-ci, à la vérité, succombaient sous les coups de Phelippes, mais la dénonciation du Comité perdait Phelippes. Témoin perfide et sournois du duel, Bourbotte les avait fait s'enferrer les uns les autres.

Le 25 prairial, à 4 heures du matin, le maire Renard, accompagné de Clavier, Agent national du District, s'était présenté quai des Gardes-Françaises (Flesselles), au premier étage du n° 4, à la porte de l'appartement de la citoyenne Lavigne, chez laquelle demeurait Phelippes, et ils l'avaient fait écrouer au Bouffay. Le même jour, Phelippes s'étant trouvé en présence de Grandmaison, dans la cuisine de la geôle, celui-ci voulut se jeter sur lui et l'aurait étranglé, sans l'intervention des gardiens[1]. Grandmaison comprenait la gravité des charges qui pesaient sur lui, car le matin, en entrant en prison, il avait fondu en larmes[2].

Phelippes avait été mis lui aussi au secret[3], et on s'était borné à lui faire savoir qu'il était traduit au Tribunal révolutionnaire de Paris sur une dénonciation du 12 prairial. Le 29 prairial, 17 juin, il faisait parvenir aux représentants une lettre où il leur disait, non sans dignité : « Si je suis coupable, ma tête tombera sous le glaive de la loi ; si je suis reconnu innocent, je serai mis en liberté ; du moins je dois m'y attendre. En dénonçant le Comité révolutionnaire, j'ai dénoncé des scélérats et des concussionnaires qui doivent périr sur l'échafaud, si justice leur est rendue. Tels sont mes dénonciateurs ; je peux ainsi parler d'eux, puisque, loin d'être leur juge, je suis accusé par eux, et dans la même prison, et que j'y suis aussi avec ceux que j'ai jugés depuis un an. » Il demandait, en terminant, à être envoyé le plus tôt possible à Paris.

Il ne tarda pas à être exaucé. Le 4 messidor, 22 juin, sur son refus de payer la diligence, il était confié à la gendarmerie qui le conduisit de brigade en brigade, couchant dans les prisons de la route, et, depuis Angers, lié et garotté. Une lettre de l'Agent national du Dis-

[1] Déclar. de Rose Thomazeau et de Mercier, n°s 64 et 111.
[2] Dépos. de Bernard-Laquèze, *Bull. du trib. révol.*, VI, 273.
[3] Le secret fut levé le jour même par Clavier. (Registre d'écrou du Bouffay.)

trict, annonçant son envoi à l'Accusateur public de Paris, l'avait précédé : « Je l'adresse, portait cette lettre, à votre tribunal, pour y recevoir jugement sur des faits contenus dans une dénonciation que le représentant Bourbotte m'a dit vous avoir fait passer[1]. »

Deux lettres de Bô, des 16 et 23 messidor, aux officiers municipaux, et à l'Accusateur public du Tribunal criminel de la Loire-Inférieure, dans lesquelles il les prie de rechercher certaines pièces justificatives de la conduite de Phelippes, permettent de supposer que, mieux instruit de la moralité de ses accusateurs, il éprouvait quelque regret de l'avoir traduit si précipitamment devant le Tribunal révolutionnaire de Paris.

Le lendemain, les représentants adressèrent aux citoyens de la Commune de Nantes une proclamation précédée de cette épigraphe : « Point de patriotisme sans vertu. » Les périodes variées de la révolution nous apprennent que plusieurs fonctionnaires publics ont à peine reçu l'existence du peuple, qu'ils en abusent pour négliger ou trahir ses droits .. Le Comité révolutionnaire de Nantes, établi pour être la vedette du peuple, chargé de sonner la mort de la tyrannie, de surveiller les dons patriotiques, les contributions des aristocrates, de déjouer leurs plans de conspiration, vient d'être mis en état d'arrestation. C'est l'opinion publique qui l'accuse... En conséquence, les citoyens de la commune de Nantes sont invités, sur la loyauté et la franchise républicaines, à faire parvenir devant la Municipalité, dans l'espace de deux décades, les déclarations des sommes en or, argent, assignats et autres effets qu'ils ont remis volontairement, ou à quelque titre que ce soit, au Comité révolutionnaire ou à tous autres de ses préposés depuis son établissement. Le tableau des déclarations sera remis aux représentants du peuple pour être examiné, tant dans ses recettes que dans l'emploi qui peut en avoir été fait. » Les déclarations furent si nombreuses, qu'un arrêté du 11 messidor prolongea d'une décade le délai imparti pour les recevoir.

Une lettre du Comité de sûreté générale, datée de Paris le 26 prai-

[1] District de Nantes, Lettres, f° 28 et *Mémoire de Phelippes à la Convention* du 12 thermidor an II, in-4°, p. 25.

rial, et adressée à Phelippes, donnait pleine sanction aux poursuites intentées. L'accusateur public — devenu lui-même accusé — était, par cette lettre, chargé d'exercer une surveillance active sur les membres du Comité de Nantes, et invité à leur faire rendre un compte exact et complet du produit des ventes ordonnées par eux et de leurs exactions arbitraires. Phelippes dit, dans un de ses Mémoires, que cette lettre lui fut remise dans sa prison. Jamais il n'avait eu en main une arme aussi puissante contre ses adversaires, mais cette arme lui arrivait lorsqu'il avait la main liée[1].

Le jour même de l'incarcération des membres du Comité Goullin, le représentant Bô nomma, pour le remplacer, avec mission spéciale de classer ses papiers et d'établir sa comptabilité, une Commission provisoire de sept membres, sous le titre de Comité de surveillance. Ces sept membres étaient : Davert, Lambert, ancien juge au tribunal révolutionnaire de Phelippes, et précédemment tailleur ; Carrail, Jean, ancien juge de la Commission Lenoir ; Hérié, menuisier ; Guesné, instituteur; Picault ; Soulignac, Jean ; et Clisson, François. A ces membres, des arrêtés des 13 messidor, et 2 thermidor. (1er et 20 juillet 1794) ajoutèrent les citoyens Houget ; Audat, ancien capitaine de navires ; Jacques Martineau, marchand, demeurant au Temple du Goût et Vagnière, ci-devant coiffeur. On trouve aussi, sur le registre des procès-verbaux, les noms de Malgogne, et de Velouet, marchand de bois à Richebourg. Ce comité n'était que provisoire. Deux autres arrêtés de Bô le reconstituèrent peu après de la façon suivante : l'un du 4 thermidor en y appelant Petit, Gaullier père, anciens membres du Comité Goullin, Subtil, perruquier, Carrail, Martineau et Durance, et l'autre du 19 thermidor, en y appelant Lenoir, ancien président d'une commission militaire, Paillou, Pellet, Yves Berthault, et Vanmouron, avec la mention que tous ces citoyens avaient subi l'épreuve du scrutin épuratoire de la Société populaire.

Plus d'un mois se passa durant lequel les représentants eurent

[1] Arrêtés des représentants, nos 426, 427, 429 et 439. — Reg. I, no 160. (Arch. départ.).

[2] Cahier de la Commission provisoire instituée le 25 prairial. (Arch. départ.) Registre de sa Correspondance, *passim*. Arrêtés des représentants.

tout le loisir d'entendre les dénonciations verbales. et de lire les déclarations faites à la Municipalité, sur les méfaits des membres du Comité incarcérés. Le 5 thermidor (23 juillet), ayant décidé qu'il y avait lieu de renvoyer, devant le Tribunal révolutionnaire de Paris, plusieurs d'entre eux, et certains de leurs complices, ils ordonnèrent la préparation d'un convoi composé de plusieurs voitures, et d'une escorte de quarante hommes. Le même jour ils ordonnaient l'arrestation de Barras, secrétaire salarié du Comité, de Jolly, de Bataillé, et de Durassier, commissaires du même Comité, et anciens membres de la compagnie Marat, et celle des femmes Grandmaison, Gallon, Bachelier, Jolly et Levêque. Ces femmes furent enfermées au Bon-Pasteur et subirent une longue détention.

L'arrêté en date du 6 thermidor, 24 juillet, qui prononçait le renvoi devant le Tribunal révolutionnaire de Paris, était ainsi conçu : « Considérant que le résultat des dépositions et déclarations faites à la Municipalité, prouve : l'abus de pouvoirs de plusieurs membres; des actes arbitraires; des arrêts de mort qui ont sciemment confondu l'innocent avec le rebelle ; une négligence suspecte dans la tenue des registres ; une dilapidation scandaleuse dans les effets pris chez des particuliers : une immoralité révoltante ; arrête que les nommés Goullin, Chaux, Bachelier, Grandmaison, Perrochaud, Levêque, Naux, Bollogniel, tous membres du Comité révolutionnaire de Nantes, seront traduits, sans aucun délai, au Tribunal révolutionnaire de Paris ; que les nommés Gallon, Jolly, Bataillé, Pinart[1], actuellement au tribunal criminel du département de la Loire-Inférieure, et Durassier, seront pareillement traduits au même tribunal ;. . . . que les nommés Chevalier et Mainguet, membres du Comité, et Barras, secrétaire, resteront provisoirement en état de détention ; que les citoyens Petit, Gaullier, Guillet et Proust, membres du Comité révolutionnaire, seront mis en liberté. »

Il paroît qu'à ce moment les amis des accusés organisèrent une protestation d'une certaine importance contre leur envoi à Paris. Le

[1] Pinard était un commissaire du Comité, qui avait commis dans la banlieue de Nantes de nombreux assassinats et pillages. V. *La Compagnie Marat et autres auxiliaires du Comité révolutionnaire*, par A. Lallié, *Revue historique de l'Ouest*, juillet 1897.

registre des arrêtés des représentants contient, à la date du 7 thermidor, cette mention : « on cherchera les auteurs du mouvement qu'on a essayé de produire en faveur du Comité révolutionnaire. »

En avisant le Comité de Salut public de l'envoi des prévenus à Paris, Bô écrivait : « Je joins un extrait de leurs principaux délits. Jetez les yeux, je vous prie, sur cette analyse d'atrocités et de dilapidations, et vous verrez en quelles mains était le timon du gouvernement révolutionnaire à Nantes. » La recommandation à l'accusateur public n'était pas plus favorable : « Je t'adresse toutes les dépositions faites à la Commune et les pièces de comptabilité ; j'ai fait faire l'analyse de ces papiers, pour te mettre de suite au fait des horreurs commises par ces prétendus patriotes, qui portaient la terreur jusque dans la chaumière du pauvre. Je t'invite à t'occuper de ces personnages qui ont trop marqué à Nantes pour ne pas fixer la Nation sur leur compte[1]. » Ainsi recommandés à Fouquier-Tinville, s'ils étaient arrivés à la Conciergerie huit ou dix jours plus tôt, leur groupe aurait été, sans délai, compris dans une des fournées des premiers jours de thermidor. La révolution du 9 les sauva. Phelippes, arrivé à Paris depuis plusieurs semaines, avait dû, vraisemblablement, le retard de sa comparution au tribunal à la clémente intervention de Bô mieux informé.

Dugast-Matifeux, qui avait en haute estime Goullin, Chaux et Bachelier, parce qu'ils avaient été à Nantes, prétendait-il, les disciples les plus fidèles de la politique de son idole, le vertueux Robespierre, inconsolable du discrédit où ils sont tombés par l'effet des poursuites exercées contre eux, se faisait fort, il y a cinquante ans, dans une page de sa *Bibliographie révolutionnaire*[2] de démontrer, jusqu'à complète évidence, que ces grands citoyens, comme il les appelait, avaient été les malheureuses victimes d'une machination odieuse ourdie par Carrier. « Bô, écrivait-il, ami d'enfance de Carrier (Bô était de l'Aveyron) s'est fait l'exécuteur des rancunes de son ancien camarade contre le Comité de Nantes. Sans l'intervention de Bô, Phelippes n'aurait été, pour le Comité, qu'un

[1] Lettres du 7 thermidor an II, 24 juillet 1794. Correspond. des représent. (Arch. départ.).

[2] N° 107, p. 91.

petit et méprisable ennemi. » J'ai vainement cherché, je n'ai point trouvé, ni dans les études imprimées de Dugast-Matifeux, ni dans ses papiers, cette démonstration. On a vu, par les documents qui ont été produits, que la mise en accusation des membres du Comité ne fut pas seulement l'œuvre de Bô, et que, dès avant l'arrivée de celui-ci, Bourbotte, qui venait de Paris où il avait certainement reçu des instructions du Comité de Salut public, leur avait ouvertement refusé sa confiance. Loin que les poursuites et l'arrestation aient été le résultat d'une machination de Bô et de Carrier, et que Bô ait avec Bourbotte mené l'affaire dans l'ombre, on a vu, au contraire, que les Comités du Salut public et de Sûreté générale avaient été, dès le principe, informés par eux de la situation. Or, en prairial, Robespierre était encore assidu au Comité de Salut public, où rien ne se faisait sans sa permission et sa haine de Carrier est un fait assez notoire pour qu'il soit impossible de supposer qu'il se soit prêté à servir ses rancunes contre le Comité.

IX

L'obstination avec laquelle les membres du Comité avaient refusé de fournir les comptes complets que les représentants leur avaient demandés, peut s'expliquer, dans une certaine mesure, par l'impossibilité dans laquelle ils se trouvaient de justifier leurs recettes aussi bien que leurs dépenses mais il est impossible de saisir le motif qui les porta à ne pas faire figurer, dans leurs comptes, la somme relativement considérable qui fut trouvée dans leur caisse. Ils avaient, semble t-il, tout intérêt à ne pas irriter les représentants par leur inertie, et il eut été plus habile de convenir franchement de faits qu'il n'était pas en leur pouvoir de dissimuler, sauf à s'ingénier pour trouver quelque excuse.

Le bilan de leurs finances, en tant qu'il résulte des documents que j'ai compulsés, peut s'établir de la manière suivante :

Le compte général des recettes effectuées par le Comité, en numéraire et en assignats, provenant de sources diverses, et accaparées sous des prétextes plus ou moins illégaux, dont le détail a été donné.

ci-dessus, certainement fort incomplet, s'élevait à la somme de 586.918 livres.

Le Comité avait versé à la Caisse du District, le 27 prairial, 17 juin . . . . 73.838 liv.

L'encaisse trouvé dans ses coffres, tiroirs et armoires, par les commissaires chargés d'établir la comptabilité, était, d'après un bordereau en date du 1er thermidor (19 juillet), de. . . . . 87.358 liv.

Le trésorier de la Commission de salubrité, un nommé Gouaux, entrepreneur de pavage, qui dit avoir dirigé, en pluviôse, ventôse, floréal et prairial, le nettoyage des rues et la répurgation de la ville, a reconnu, dans une déclaration portée au n° 12 du registre des déclarations, avoir reçu pour cet objet. . 75.840 liv.

Dans une de ses brochures[1], Chaux a énuméré toutes les mesures prises par le Comité pour assainir la ville, et la préserver des épidémies. La mission d'assainir la ville avait été d'abord confiée à Caton, maître de poste, qui avait reçu de la municipalité une somme de six mille francs[2]. Gouaux, malgré les 75 mille livres qu'il reconnut avoir reçues, ne semble pas avoir donné pleine satisfaction à la Municipalité, car le Conseil général de la commune décida, le 4 prairial, la formation d'un Bureau de salubrité et de répurgation.

Les frais de la noyade du Bouffay furent payés par le Comité, qui paya également diverses sommes pour d'autres noyades ; j'en ai donné le détail dans les *Noyades de Nantes*, p. 41. Le Comité ayant reçu de Carrier, ainsi qu'on a pu le remarquer au mot Carrier, dans la liste générale, une somme de dix mille livres, je serais porté à croire que cette somme de dix mille livres avait été donnée au Comité pour solder

A reporter. 237.036 liv.

[1] *Chaux au peuple français*, p. 32.

[2] *Bull. du trib. révol.* Déposition de Caton, VI, 345.

Report.	237.036 liv.
cette sorte de dépenses. Cette somme de dix mille livres figurant à l'actif du Comité, il convient de la porter à ses dépenses soit.	10.000 liv.
Mainguet a déclaré avoir payé, à diverses reprises, des mariniers qui avaient amené à Nantes des soldats vendéens faits prisonniers, mais il n'a point indiqué le chiffre de ces payements[1].	
Total des sommes dont le Comité aurait pu justifier l'existence ou l'emploi.	247.036 liv.
Si l'on retranche cette somme du montant des recettes s'élevant à 586.918, il résulte que le Comité était incapable de justifier l'emploi de.	339.882 liv.
Chaux n'en affirmait pas moins, dans la brochure déjà citée[2], « qu'on retrouverait jusqu'à la dernière obole remise, saisie, ou apportée. »	

Dans ces divers comptes, je n'ai point fait figurer l'argenterie trouvée, saisie ou volée, le Comité, d'après ses dires, s'étant déchargé de cette valeur en déposant à la Monnaie près de mille marcs d'argent, et 3 marcs d'or. Or, l'argenterie seule de la Collégiale Notre-Dame valait, selon Chaux, une vingtaine de mille livres, et les membres de la Compagnie Marat négligeaient le plus souvent de dresser inventaire des pièces d'argenterie qu'ils saisissaient. La quantité qu'ils s'approprièrent dépassa probablement de beaucoup celle qui fut remise à la Monnaie.

Bô, en faisant emprisonner les membres du Comité pour dilapidations, concussions, et refus de rendre des comptes, avait reconnu de la façon la plus éclatante l'injustice et l'illégalité de la perception de la plupart des sommes trouvées dans la caisse du Comité, ou déposées par ses soins à la caisse du District. Je dis de la plupart et non de toutes les sommes encaissées, parce que certaines de ces recettes, faites en violation du droit de propriété,

[1] Déclar. de Mainguet, n° 124. (*Arch. municip.*)

[2] *Chaux au peuple français*, p. 26.

ayaient été autorisées par des lois. La plus simple probité exigeait ce semble que, dans la mesure des sommes disponibles, les personnes spoliées eussent été remboursées, sinon de la totalité de leurs versements tout au moins, au marc le franc, comme dans une faillite. Je n'ai rencontré nulle part la mention de pareilles restitutions, et ce qui semble démontrer au contraire qu'il n'en fut fait aucune, c'est que, le lendemain du jour où les commissaires, chargés de la comptabilité, avaient informé Bô de l'existence dans la caisse du Comité d'une somme de quatre-vingt-sept mille livres, qu'il avait fait verser dans celle du District, ce représentant prit un arrêté portant que, sur les fonds des taxes perçues par le Comité révolutionnaire, une somme de dix mille livres serait délivrée par le receveur du District pour réparations à la salle de la Société populaire[1].

L'anéantissement des valeurs monétaires étant un fait inadmissible; et les membres du Comité n'ayant pas brûlé les assignats représentant la somme de 339.882 livres, qui faisait défaut dans leur caisse, il faut en conclure que les assignats allèrent, pour la plupart, dans la poche des nombreux sans-culottes besogneux qui formaient l'entourage du Comité, et qui exécutaient ses ordres. On n'est pas obligé de croire Bachelier, lorsqu'il racontait que, lui et ses collègues, dévorés de zèle pour le bien public, se contentaient souvent pour leur repas, d'un morceau de pain et de fromage, mangé en hâte à la table de la Chambre de leurs séances. Néanmoins je ne crois pas qu'à l'exception de Chaux, les membres du Comité se soient appropriés une partie des sommes dont ils avaient le maniement, en puisant à même dans la caisse. Chaux seul a reconnu avoir acheté des biens nationaux pour une somme de soixante mille livres[2], et il est mort propriétaire dans sa terre de la Roche, située commune de Doulon, sans avoir jamais exercé une

[1] Reg. L, 148, n° 391. Cette salle était l'église Sainte-Croix. La Société populaire s'y était établie le 26 brumaire an II, 16 novembre 1793. En germinal an II, premiers jours d'avril 1794, faute d'un autre local, on y avait placé des prisonniers, et la Société populaire avait tenu provisoirement ses séances à la Halle. Les dégradations causées à l'église Sainte-Croix, par la présence d'un grand nombre de prisonniers motivaient les réparations, ordonnées par Bô.

[2] *Bull. du trib. révol.* VI, 227.

industrie qui ait pu l'enrichir. Mais aucun des autres membres ne semble être sorti du Comité, moins gueux qu'il n'y était entré. Goullin était un prodigue qui aimait le plaisir, et, ce qu'on sait de ces derniers jours tendrait à établir qu'il était loin d'avoir fait sa pelote. Il ne se serait point humilié à solliciter, de Bachelier, une somme de deux mille livres, comme on l'a vu par sa lettre du 11 germinal, datée de Paris, s'il avait considéré comme sienne la caisse du Comité. Quelques légères indélicatesses, d'un caractère puéril, relevées à la charge de Bachelier, de Levêque et de Grandmaison, ne sont guère le fait de gens qui n'ont qu'à étendre la main pour prendre des louis d'or. Bachelier fut accusé d'avoir changé, poids pour poids, de l'argenterie neuve contre la sienne qui était vieille[1]. Bachelier, jusqu'à sa mort arrivée en 1843, a vécu dans la plus humble médiocrité. Levêque ayant volé une montre et une somme de cinquante livres qu'il avait restituées, il fut question de l'exclure du Comité ; Goullin obtint son pardon en faisant valoir qu'il était patriote et bon garçon[2]. Grandmaison, dont les cruautés font oublier les peccadilles, eut, lui aussi, sa petite histoire de couverts d'argent : quelqu'un l'entendit un jour se désoler, dans sa prison, de ce que sa femme n'avait peut-être pas pensé à faire démarquer des couverts qu'il avait pris, puis remercier aussitôt son interlocuteur, qui était Goullin, du conseil qu'il lui donnait de dire qu'il tenait ces couverts de sa sœur la religieuse[3]. On releva aussi, à la charge de Bollogniel, le fait d'avoir touché du Payeur-général de Lamarre, en vertu d'un ordre de Carrier, une somme de vingt mille livres destinée à payer les frais de voyage des Cent-trente deux, et d'avoir subtilement repris cet ordre, qui était, pour de Lamarre, une pièce comptable dont lui-même il n'avait que faire[4]. Perrochaud se plaisait à visiter les prisons[5], où il s'emparait des valeurs ou des bijoux trouvés dans les poches des

[1] *Eod.* Procès des Nantais, VI, 97 et procès du Comité, VI, 243.

[2] Déclar, de Gaullier, n° 67, et de Petit, membres du Comité, n° 104, et de la femme Plissonneau, n° 40.

[3] Déclar. de Jacques Martin, de Vallet, n° 135.

[4] *Bull. du trib. révol.*, 284.

[5] *Eod.* VI, 277.

détenus. Un membre de la Municipalité de Laval, nommé Boullin, venu à Nantes pour ses affaires, et emprisonné comme suspect, a rapporté dans une déclaration[1] que Perrochaud vint un jour causer familièrement avec lui. Après lui avoir demandé s'il était riche, et reçu de Boullin la réponse que son honnêteté et sa bonne réputation étaient son unique fortune, Perrochaud l'avait quitté en lui souhaitant bonne chance, ajoutant que, pour sortir de prison, mieux valait d'être riche que d'être patriote. Perrochaud, pas plus que ses collègues, n'a tiré grand profit de ses rapines.

Ces pratiques étaient assurément contraires à la probité, mais elles ne peuvent servir à établir que les membres du Comité révolutionnaire aient volé les trois cent quarante mille livres qui ont fait défaut dans leurs comptes, et, en tout cas, elles sont péchés bien véniels, comparées à la dure et cruelle oppression, que, durant les sept mois d'exercice de leurs pouvoirs, ils avaient fait peser sur les habitants de Nantes.

[1] Déclar., n° 134. — *Forget du lecteur impartial*, in-8°, p. 22. — V. aussi sur Perrochaud la déclaration Bretonville, n° 131.

Vannes. — Imprimerie LAFOLYE, Frères.

www.ingramcontent.com/pod-product-compliance
Ingram Content Group UK Ltd.
Pitfield, Milton Keynes, MK11 3LW, UK
UKHW020340250726
13967UKWH00005B/2036

9 782012 893801